PRESENTEADO POR:

Dayla Lucena (Mamãe!!)

PARA:

Sarah P. Lucena

DATA:

30-03-11

HISTÓRIAS DE FÉ PARA GAROTAS

PARA CONTESTAR O QUE VOCÊ ACREDITA E COMO VOCÊ VIVE

Traduzido por Lena Aranha

CPAD

1ª Edição

Rio de Janeiro

2008

Título do original em inglês: *Faith Unplugged: Stories for Girls to Challenge what you Believe and how you Live*
Cook Communications Ministries, Colorado Springs, Colorado
Primeira edição em inglês: 2006

Tradução: Lena Aranha
Preparação dos originais: Daniele Pereira
Revisão: Gleyce Duque
Capa Adaptação: Reginaldo Delfino
Editoração: Lidiane Arsenio

CDD: 240 - Ética Cristã e Teologia Devocional
ISBN: 978-85-263-0944-9

As citações bíblicas foram extraídas da versão Almeida Revista e Corrigida, edição de 1995, da Sociedade Bíblica do Brasil, salvo indicação em contrário.

Para maiores informações sobre livros, revistas, periódicos e os últimos lançamentos da CPAD, visite nosso site: http://www.cpad.com.br.

SAC — Serviço de Atendimento ao Cliente: 0800-21-7373

Casa Publicadora das Assembléias de Deus
Caixa Postal 331
20001-970, Rio de Janeiro, RJ, Brasil

1ª edição: 2008

SUMÁRIO

INTRODUÇÃO

Às vezes, a fé pode parecer vaga, incomum e até mesmo misteriosa — como se tentasse desconcertá-la. A verdade é que Deus quer que você esteja perto dEle e tenha intimidade com Ele a fim de que seja a pessoa que a criou para ser. Ele a vê através dos olhos da fé — alcançando novas alturas e o máximo de cada grama de potencial que pôs em você.

Vivencie a verdadeira fé por meio dessas histórias da vida real de moças como você. Descubra em que você acredita — não apenas sobre Deus —, mas sobre você mesma e sua vida e como permitir que suas crenças influenciem os outros.

Explore situações da vida real como: O que significa ser segura em suas decisões, como cultivar amizades sólidas, o que fazer em face do desapontamento e como viver de acordo com a perspectiva de Deus.

Cada história também é acompanhada de percepções de vida:

- ***Download***

O que Deus tem a dizer sobre a situação apresentada na história.

- ***Fé desplugada***

Um princípio simples para ajudá-la a tomar decisões sábias.

- ***Conexão de fé***

Para ajudá-la a iniciar um diálogo claro e honesto com Deus.

- ***Controle***

Para mantê-la responsável por suas decisões e ajudá-la a ver além do óbvio.

Histórias de Fé. Um esclarecimento franco e pessoal de quem você é, para onde está indo e como Deus pode orientá-lo da melhor maneira! É realidade. Completa. A garantia que você precisa para realizar seus sonhos e atingir seu potencial.

100% DE CERTEZA

Dúvida

DOWNLOAD:

Porque os meus pensamentos não são os vossos pensamentos, nem os vossos caminhos, os meus caminhos, diz o Senhor.
Isaías 55.8

Sentiu um nó no estômago. As palmas das mãos suam profusamente. Ela engole o ar e examina em volta. Ela se pergunta: *Alguém mais ouviu?*, olhando ansiosa em volta. Para seu alívio, parece que ninguém ouviu. Carmem tinha treze anos quando isso aconteceu pela primeira vez. Dois anos depois, o som tornou-se assombrosamente familiar. Ela mal se lembra de um dia sem a presença dele. Parecia que, até hoje, ninguém mais ouvira.

O ponto de ruptura ocorreu quando Carmem ouviu Denise se referir a um leve ruído. Carmem conjectura se Denise entendeu sua situação difícil. Carmem conclui: *Com certeza, ela mesma nunca experimentou isso, mas talvez conheça alguém que tenha passado por isso.* Naquele dia, Carmem pensou em conversar com Denise, mas decidiu esperar. Ela precisava de tempo para pensar a respeito, para imaginar se conversar com Denise seria uma boa idéia. Ela sabe que pode confiar em Denise, mas o que quer confessar soa como loucura. Admitir que você ouve vozes reais pode ser uma coisa perigosa.

A voz não é alta nem necessariamente audível ou externa. É a voz de um pensamento incessante. É como se uma idéia retivesse sua atenção contra sua vontade. Ou antes, é como se, em uma manhã, ela tivesse levantado com uma música na mente que toca continuamente há dois anos. O som, embora tênue, consome sua atenção. Há momentos em que é possível ignorar os clamores da voz, mas nunca é possível desligá-la completamente. A voz fala mais alto às quartas-feiras, aos domingos e quando ela está sozinha.

É a voz da dúvida que ataca Carmem. Ela fala em forma de perguntas e respostas, desafiando crenças que, antes, ela abraçava sem dúvidas. "Isso é realmente verdade? Deus é real? Jesus viveu? Jesus morreu? Jesus ressuscitou? Jesus é realmente o Filho de Deus que fez todas as coisas que seus seguidores afirmam ou Ele é apenas uma lenda cuja fama aumenta com o tempo? Isso não é verdade. Deus é uma mentira, uma invenção da sua imaginação. Ele não pode ouvi-la, pare de fingir que Ele pode. Se Ele existisse, você não teria a menor dúvida sobre isso. Poderia vê-lo, tocá-lo, ouvi-lo e vivenciá-lo, mas você nunca experimentou nada disso. As pessoas que dizem poder ouvi-lo não conseguem provar isso. Ninguém pode provar nada disso."

Carmem considera, durante alguns dias, as conseqüências de conversar com Denise, líder do seu grupo de jovens da igreja. *E se minhas perguntas quiserem dizer que não sou cristã? Denise me expulsará da igreja? Ela contará aos meus pais? Ela contará ao pastor?* Ela imagina todas as reações e dedica mais tempo às hipóteses piores. Por fim, ela decide falar com Denise. Pelo menos, teria algumas respostas. Carmem telefona para a igreja.

— Posso falar com Denise?

— Ela não está no momento. Gostaria de deixar um recado na secretária eletrônica dela?

Carmem não pensara no que fazer se Denise não estivesse lá. Mais perguntas atropelam sua mente.

— Sim, por favor — responde apressada. Bip! — Humm, oi, Denise... aqui é... humm, Carmem... Carmem Rice do grupo de jovens. Estava me perguntando... hum... estava me perguntando se, alguma hora, você gostaria de conversar comigo sobre um assunto. Humm... tudo bem se você estiver ocupada ou não puder... mas se puder, poderia me ligar de volta? Bem... obrigada. Tchau... Ah, meu telefone é 267-8916. Tchau.

No dia seguinte, Denise retorna a ligação de Carmem, e as duas combinam de se encontrar, naquele dia mesmo, na igreja. Carmem muda de idéia inúmeras vezes. A certa altura, ela pensa em "alegar que está doente", em vez de conversar. Mas quando chega a hora, ela está lá.

Carmem sente-se culpada por ocupar o tempo de Denise e se desculpa repetidas vezes no início da conversa delas, até que Denise, após pedir que parasse com aquilo, quebra o gelo.

— No telefone, você mencionou que queria conversar sobre alguma coisa comigo, certo?

— Sim, bem, não sei se você se lembra disso ou não. De todo jeito, não importa. Se você lembrar, tudo bem. Se não se lembrar, está tudo bem também — fala Carmem, agitada, tentando encontrar coragem para falar abertamente. — De qualquer forma, quando você aludiu a isso, pensei que talvez pudesse conversar com você. Pensei que poderia ter algum conselho ou conhecer alguém que já passou por isso — tentando evitar o inevitável. — Foi por isso que telefonei para você.

— Está bem, o que eu disse que precipitou tudo isso? — pergunta Denise com esperança de poder ajudá-la.

— Na última quarta-feira à noite, você falou alguma coisa sobre dúvida. Não lembro exatamente o que foi, mas soou como se você conhecesse alguém que luta com isso.

— Com que tipo de dúvida você está lutando, Carmem?

— Acho que com todos os tipos, mas principalmente duvido de Deus — responde calmamente a moça.

— É o tipo de dúvida em que questiona se Deus fará ou não alguma coisa ou se é capaz de fazer alguma coisa? Ou é o tipo de dúvida em que se questiona a existência dEle e, portanto, de tudo o mais? — inquire Denise.

HISTÓRIAS DE FÉ:

Questionar não é a mesma coisa que não crer.

— Do segundo tipo — declara Carmem.

— Nesse caso, conheço alguém que passa pela mesma coisa.

— Você conhece? — exclama Carmem inesperadamente.

A percepção de que mais alguém luta com as mesmas coisas a alivia. Mesmo que nunca conheça essa pessoa, Carmem não se sente mais sozinha.

— Posso perguntar quem é? — continua ela.

— Eu — a resposta direta de Denise deixa Carmem chocada. — Na verdade, ainda lido com essa dúvida.

— Como pode ser isso? Você é líder de jovens e parece saber todas as respostas — questiona Carmem.

— Carmem, ser líder de jovens não me torna perfeita nem muda o fato de que sou um ser humano que luta com diferentes questões.

— Jamais passou pela minha cabeça que você luta com isso.

— Lido com a dúvida desde que me tornei cristã. Mesmo antes de me tornar cristã, já era o tipo de pessoa que questiona tudo. Minhas perguntas aborreciam meus pais e professores. Por algum motivo, precisava de explicações lógicas ou de experiências inquestionáveis para acreditar que algo era verdade. Aceitar Jesus não mudou minha natureza inquisitiva. Honestamente, essa necessidade de saber tudo até piorou.

— Por quê?

— Eu queria uma certeza que a fé não pode fornecer.

— O que você quer dizer?

— Eu queria, como quando era criança, que Deus me desse respostas, explicações lógicas e experiências inquestionáveis. Assim, poderia ter 100% de certeza de que Ele é real. A vida de fé não fornece esse tipo de certeza. Quando procurava por certeza total, na verdade, queria um Deus que pudesse compreender e controlar. Queria um Deus que se encaixasse na minha percepção, mas Deus não é assim. Ele é maior do que posso imaginar e mais profundo até do que posso entender. A Bíblia descreve isso com estas palavras: "Os meus pensamentos não são os vossos pensamentos, nem os vossos caminhos, os meus caminhos" (Is 55.8). Embora não possamos entender Deus totalmente, podemos confiar totalmente nEle. Isso é o que é a fé... confiança, e a confiança é um risco, especialmente para pessoas como nós. Crer é colocar nossa confiança em outra coisa que não nós mesmas ou nossa capacidade de entender. Deus quer que confiemos nEle. A certeza que a fé traz vem da confiança de que Deus existe apesar do que possamos pensar ou sentir.

— Isso é realmente profundo — fala Carmem, fazendo Denise rir.

— Eu sei. Desculpe. Talvez tenha me deixado levar um pouquinho — acrescenta ela antes de retomar de onde parou. — Agora, isso não quer dizer que Deus quer que vivamos com perguntas perturbadoras sobre se Ele existe ou não. Acredito que Deus quer que tenhamos paz, contudo, de novo, acho que essa paz vem de aprender a confiar. De minha parte, tenho de continuamente abrir mão da minha necessidade de entender, de saber e de controlar.

— Como faço isso? — pergunta Carmem.

— Não consigo fazer isso sem a ajuda de Deus. Por isso, em minha adoração, oração e leitura e estudo da Bíblia, continuo a entregar essa batalha a Deus. Também lembro a mim mesma que, na verdade, não quero um Deus que possa se ajustar à minha concepção dEle.

Quero seguir um Deus que seja maior, melhor, mais profundo, mais verdadeiro, mais belo e mais poderoso que eu. Preciso desse tipo de Deus. Por isso, tento transformar minhas perguntas em adoração e em maravilhamento, em vez de em descrença.

CONEXÃO DE FÉ:

Jesus, luto com a dúvida. Existem muitas coisas das quais não tenho certeza na área da fé, mas estou aprendendo que esse é o ponto. A vida de fé é aprender a confiar totalmente no Senhor —, não em fatos, nem aparências e, tampouco, em provas.

CONTROLE:

Muitos cristãos, em certa medida, lutam com a dúvida. Nem sempre a dúvida quer dizer descrença. Descrença é a ausência de fé. A dúvida surge quando a pessoa se empenha honestamente em acreditar, e, portanto, existe fé mesmo quando a dúvida surge. Você tem dúvidas? O que você faz em relação a isso? A forma como você responde a isso é importante. A melhor resposta à dúvida leva-a à confiança e à adoração. Comprometa-se a entregar suas dúvidas a Deus. Peça ajuda a Ele. Examine a Bíblia para encontrar outras pessoas fiéis que tinham dúvidas e aprenda com a vida delas. Se tiver amigas íntimas cristãs em quem confie, conte-lhes sobre suas dúvidas e também peça que orem por você.

AQUI PARA VOCÊ

Abandono

DOWNLOAD:

Pai de órfãos e juiz de viúvas é Deus no seu lugar santo.
Salmos 68.5

Kayla corre pelo corredor para sua terceira aula do dia, a de História. O Sr. Johnson está sentado a sua mesa diante de uma sala vazia, quando Kayla irrompe pela porta.

— Bem na hora — diz o Sr. Johnson, rindo enquanto olha o relógio.

Nesse semestre, esses dois minutos de conversa antes da aula tornaram-se um ritual diário.

— Oi, Sr. Johnson! Como o senhor está?

— Bem, e você? — responde ele enquanto move de sua cadeira para o canto da mesa.

— Impressionante! Tenho algumas notícias ótimas — Kayla solta com uma mescla de alívio e de entusiasmo.

— Isso é ótimo. Também tenho algumas novidades para você. Fale primeiro.

O comentário do Sr. Johnson não consegue demonstrar a mesma exuberância do de Kayla. Esta, notando a falta de entusiasmo do professor, insiste que seja diferente.

— Não, o senhor fala primeiro. Nós dois sabemos que, em geral, monopolizo nossas conversas.

— Bem, se você insiste. Kayla, não sei muito bem como dizer

isso, mas este será meu último semestre como professor aqui na Hillcrest.

— O quê?! — Kayla deixa escapar.

Em um segundo, a expressão dela passa do entusiasmo para o choque.

— Aceitei uma oferta para ensinar em Atlanta, onde vive a família de minha esposa. Essa mudança representa um aumento de ganho, e estaremos mais próximos da família de Sarah quando o bebê nascer — a esposa do Sr. Johnson espera o primeiro filho deles para setembro.

— Mas o senhor não pode mudar! — a voz de Kayla falha. — O senhor disse que estaria aqui para mim, e agora vai se mudar para Atlanta! — Kayla não consegue encontrar as palavras certas para o momento enquanto luta com suas emoções. Por fim, sua dor transforma-se em raiva. — Quer saber de uma coisa? Não tem importância, não preciso do senhor de forma alguma. Não preciso de ninguém — ela vira-se e corre para fora da sala.

— Kayla, espere um minuto — antes que ele pudesse terminar, Kayla já tinha saído pela porta. O Sr. Johnson fica chocado e preocupado. Ele sabia que a notícia seria dura para Kayla, mas nunca esperou uma reação tão forte.

Nos últimos oito meses, após o pai de Kayla deixar a mãe, os dois desenvolveram um relacionamento próximo. Kayla lembra as palavras ditas pelo pai na época da separação:

"Kayla, isso não tem nada a ver com você. É entre sua mãe e eu. Nós continuaremos a nos ver. Você pode passar os fins de semana comigo e ainda estarei em todos seus eventos escolares. Nada mudará entre nós dois. Prometo que estarei aqui para você."

Essas palavras pulam como um disco arranhado na mente de Kayla. Ela acha que uma pessoa que diz que estará aqui para alguém vale tanto quanto o balconista perguntar como ela vai. Você diz as palavras não pelo que elas representam, mas por que é isso que se espera de você. Ela pensou que o Sr. Johnson fosse diferente, mas, obviamente, estava errada. Kayla faz o juramento silencioso: *Nunca mais confiarei em ninguém*, enquanto procura um lugar para ficar sozinha e planeja como evitar o Sr. Johnson pelo resto do semestre.

Kayla não viu nem teve notícia do pai desde o cartão de Natal, postado em janeiro de algum lugar de Nova York. Por sua vez, o Sr. Johnson e a esposa tornaram-se seus maiores fãs, comparecendo às festividades escolares dela e freqüentando o restaurante local em que Kayla servia as mesas. A inesperada amizade deles forneceu a Kayla a ajuda e o encorajamento de que tanto precisava. Agora, Kayla está devastada. *Qual a finalidade de confiar em alguém quando, no fim, todos me abandonam? Não vale a pena.*

O Sr. Johnson procura Kayla nos intervalos das aulas e depois da escola, mas Kayla é muito boa em se fazer invisível. Aquela noite, durante o jantar, o Sr. Johnson compartilha a história com a esposa. Sarah ficara bastante afeiçoada a Kayla e esperara ansiosamente o dia todo para saber sobre a conversa.

— Então, ela saiu intempestivamente pela porta... — explicou o Sr. Johnson à esposa.

— Oh, não! O que você fez? Foi atrás dela?

— Honestamente, não sabia o que fazer, por isso, simplesmente a deixei ir embora. Fiquei tão chocado com a reação dela que congelei. Sabia que seria difícil para ela, mas não esperava essa reação. Decidi lhe dar algum tempo e conversar com ela mais tarde, mas não sei se isso acontecerá. Tenho certeza de que ela fará tudo que puder para me evitar.

— Por que você não telefona para a mãe dela? — pergunta Sarah. — Podemos ir até lá, ou ela pode vir até aqui.

— Acho que não custa tentar.

Depois do jantar, o Sr. Johnson telefona para a mãe de Kayla, Sandra Jackson. Ele sente-se aliviado quando ela atende ao telefone. Após trocarem cumprimentos, a Sra. Jackson escuta atentamente, enquanto o Sr. Johnson explica o incidente da manhã.

Kayla não contara para a mãe o que havia acontecido naquela manhã, embora a Sra. Jackson soubesse que havia algo errado. Ela apenas beliscou o jantar, respondeu com monossílabos às perguntas da mãe e foi cedo para o quarto. Sandra já vira esse tipo de comportamento da filha, mas acontecera durante um período. Ela presumiu que tinha algo a ver com o pai de Kayla e lhe deu algum tempo.

— Procurei-a pelo resto do dia, mas não consegui encontrá-la. Será que minha esposa e eu podemos ir até aí, hoje à noite, para falar com ela?

— Sem dúvida que sim. Você se lembra onde moramos?

— Lembro sim. E muito obrigado. Não sei se isso ajudará, mas vale a pena tentar. Estaremos aí em alguns minutos.

Vinte minutos depois, a campainha da casa dos Jacksons toca. Kayla não toma conhecimento dos convidados, pois pensa ser alguma amiga da mãe. Contudo, alguns minutos depois, ela ouve uma batida gentil na porta de seu quarto. *Ótimo! Ela quer que eu saia para conhecer alguma de suas amigas estúpidas. Ela não pode dizer que não estou com humor para conversinhas sem sentido.* Kayla espia,

HISTÓRIAS DE FÉ:

Deus, com freqüência, revela-se a nós por intermédio das pessoas que envia para nossa vida.

enquanto a mãe abre gradualmente a porta.

— Kayla.

— O quê? — sua resposta transparece frustração.

— Tem alguém aqui para vê-la.

— Quem é?

— O Sr. Johnson e a esposa.

— O que eles estão fazendo aqui? Não quero conversar com eles.

— Escute aqui, mocinha. Levante-se dessa cama. Venha aqui e ouça o que eles têm a dizer — Kayla obedece à mãe com relutância.

— Oi, Kayla.

— Sr. Johnson, Sra. Johnson — Kayla cumprimenta os convidados, mas mantém os olhos no chão enquanto se deixa cair sobre o sofá.

— Kayla, sei que meu anúncio de hoje foi um choque para você. Antes de dizer mais alguma coisa, quero que saiba que lamentamos a forma como nossa decisão a afeta. Não foi uma decisão fácil de tomarmos, principalmente por causa de nossa amizade por você. Você é uma ótima moça. Gosto de ser seu professor, e Sarah e eu amamos ser seus amigos. Talvez isso não queira dizer muito para você em vista do que passou com seu pai, mas ainda assim queremos ser seus amigos. Sem dúvida, as coisas mudarão. Será difícil ter nossos dois minutos de conversa antes da terceira aula de Atlanta, mas estaremos lá para você. Saiba que acredito que Deus me pôs na sua vida, e você na minha. Não estou disposto a dar as costas a você. Espero que você me dê tempo para lhe provar isso. Nesse meio tempo, estamos orando por você.

Kayla permanece sentada no sofá em silêncio. Depois de alguns minutos, o Sr. Johnson e a esposa agradecem a Kayla e a Sra. Jackson por os deixarem ir lá. Eles saem, enquanto Kayla volta vagarosamente para o quarto. As palavras deles ecoam em sua mente. Fazia muito tempo desde a última vez que pensara em Deus. Ela se pergunta se Deus realmente a amava o bastante para trazer amigos afetivos para sua vida.

CONEXÃO DE FÉ:

Jesus, sinto-me abandonada. Há pessoas em minha vida que prometeram estar lá para mim ou que deveriam estar, mas que, por um motivo ou outro, abandonaram-me. Por favor, ajude-me a perdoá-las e preencha a lacuna que elas deixaram.

CONTROLE:

Talvez, de alguma forma, alguém próximo a você a abandonou — um dos pais, um professor, uma treinadora, um pastor, um irmão ou até uma amiga. Às vezes, o abandono é físico; outras vezes, no entanto, as pessoas desligam-se espiritual ou emocionalmente de você. Quando alguém a deixa, suas emoções variam da tristeza à raiva e à rejeição.

Jesus sentiu a dor do abandono. Quando ele foi preso, seus amigos se dispersaram e o deixaram para enfrentar seu momento mais difícil sozinho. Ele quer ajudá-la não apenas a lidar com essas emoções, mas também a preencher a lacuna deixada pela ausência das pessoas. Muitas vezes, Jesus preenche essas lacunas pessoalmente. Outras vezes, Ele envia pessoas para sua vida a fim de ajudá-la. Reconheça não apenas essas pessoas em sua vida, mas também o envolvimento de Deus. Agradeça a Ele e a essas pessoas pelo papel que desempenham em sua vida.

VIVER PARA ENVELHECER

Pais

DOWNLOAD:

Honra a teu pai e a tua mãe, que é o primeiro mandamento com promessa, para que te vá bem, e vivas muito tempo sobre a terra. Efésios 6.2,3

— Espero nunca vê-lo de novo! — grita Bianca enquanto entra no quarto de sua amiga Camille.

— Quem? — pergunta Camille.

— Meu pai — responde ela, jogando-se sobre a cama.

— Oh.

Há dois anos, o relacionamento de Bianca com o pai começou a se desgastar. O pai de Bianca tinha dois trabalhos desde que ela era menininha. Ele estabeleceu objetivos financeiros altos para a família e luta para alcançá-los. Por causa da própria infância de dificuldades, jurou que seus filhos jamais experimentariam semelhante privação. Ele era representante de vendas e fazia longas viagens por causa do estressante trabalho em que o ganho básico era de acordo com as comissões. Ele também trabalhava meio-período em manutenção e conserto de computadores, o que fazia tarde da noite ou de manhã bem cedo. Por tudo isso, o pai de Bianca raramente estava em casa, e quando ficava com a família, estava cansado, irritado, gritava com freqüência, principalmente com sua filha mais velha, Bianca.

"Bianca, pare!"

"Bianca, deixe-me sozinho! Tudo que quero é um pouco de paz e de silêncio."

"Cale-se! Estou tentando assistir televisão."

"Vá ajudar sua mãe."

"Pegue uma bebida para mim."

"Não, não quero conversar. Trabalhei o dia todo para esta família. Estou cansado e quero apenas relaxar."

No início da adolescência de Bianca, seu relacionamento com o pai "progrediu" da hostilidade para algo inexistente. Ele conseguiu um emprego com melhor salário, o que queria dizer que podia ter apenas um emprego. No entanto, sua carga horária não mudou em nada. Para Bianca, parece óbvio que o pai prefere estar no trabalho a estar em casa. Em seus papéis sociais, ele é muito melhor como empregado do que como pai. Como empregado, ele é esforçado, confiável, independente, ágil, criativo, dedicado e perfeccionista. Todavia, como pai, é exigente, ausente, desligado, indiferente, apático, desinteressado e perfeccionista.

A única coisa que seu pai faz mais que trabalhar é beber. Fica claro que ele pensa que ser pai significa criticar e corrigir sem se envolver. Ele já não só grita. Antes, ele grita, repreende e, depois, diz a Bianca como deve se comportar. Bianca se pergunta por que de repente o pai finge que se importa sobre como ela fala, veste-se, penteia o cabelo, ou com as músicas que ouve e com os amigos que escolhe. Do ponto de vista de Bianca, é muito tarde para ele se envolver na vida dela, principalmente se esse envolvimento representa crítica desenfreada. Ela finge escutar o pai para evitar discursos adicionais, mas em seu interior rebela-se contra todas as ordens dele.

"Quantas vezes tenho de falar isso para você? Você não usará essa linguagem em minha casa!" *Sua casa? Você nunca está aqui.*

"Bianca, você está me ouvindo? Se continuar a se vestir dessa forma e a usar o cabelo desse jeito, as pessoas pensarão que você é algo que não é." *E você acha que sabe quem eu sou. Essa é boa.*

"Não quero mais que essa menina Camille venha aqui. Ela é uma má influência para você. Não sei por que você corre atrás desse tipo de gente." *Camille se importa mais comigo do que você jamais se importará.*

Agora que Bianca está no Ensino Médio, as coisas pioraram ainda mais. Em uma tentativa de controlá-la, o pai acrescentou uma punição ao fim de cada preleção. Bianca não mostra sinais de melhora, portanto, ela precisa de um incentivo adicional para mudar seu comportamento. Todavia, as tentativas disciplinares do pai apenas a enfurecem. Bianca não controla mais a língua. Afinal, o pai não está em casa tempo bastante para impor suas punições, portanto, para que fingir escutar ou obedecer. Logo as preleções transformam-se em intensas discussões.

HISTÓRIAS DE FÉ:

Seus pais precisam de Deus e do perdão dEle da mesma forma que você também precisa.

Após uma curta pausa, Camille pergunta.

— O que aconteceu desta vez?

— Minhas notas chegaram pelo correio de hoje. Papai não gostou do "B" que tirei em Álgebra II. Ele disse: "Essa nota é totalmente inaceitável. Não há uma explicação razoável para esse desempenho ruim" — fala Bianca imitando o tom e os gestos do pai.

— Ele disse isso em relação a um "B" em Álgebra II?

— Eu sei! Dá para acreditar nisso? Ele me deixa com tanta raiva, fingindo que é meu pai. Fico doente com suas pequenas preleções e fico doente que a atitude dele, como se fosse um pai exemplar. Eu não o suporto. Mais dois anos desse inferno, então, vou embora e não volto mais.

— E a sua mãe?

— Ela pode me visitar.

Nesse momento, alguém bate à porta. É o pai de Camille.

— Posso entrar?

— Claro, papai — responde Camille.

— Não pude evitar de ouvir por acaso a conversa de vocês. Desculpe, mas eu estava na porta ao lado, e vocês falavam bem alto.

— Tudo bem — fala Bianca.

— Bianca, você se importaria se eu partilhar algo com você? — pergunta o pai de Camille.

— Acho que não — hesitante, responde Bianca.

— Não conheço muito bem seu pai, embora o tenha encontrado algumas vezes. E, de tempos em tempos, escuto você e Camille conversarem sobre ele. Ele se parece muito com meu pai.

— Vovô? — pergunta Camille com voz de surpresa.

— Seu avô mudou um pouco com os anos, mas quando eu era jovem, nosso relacionamento era bem áspero. As coisas eram tão ruins que, na verdade, saí cedo de casa para me afastar dele. Não podia me importar menos com o que acontecesse com ele ou se nunca mais o visse. Eu o odiava e garanti que ele soubesse disso.

— Você está falando sério? — pergunta Camille, ainda chocada com o que ouve.

— Depois que fui embora, nós não nos falamos durante anos.

— Isso deve ter sido ótimo — afirma Bianca.

— Na verdade, foi horrível. Viver com raiva de um dos pais amarga a vida.

— Então, o que aconteceu? — pergunta Camille no lugar de Bianca.

— Bem, como cristão, pensei muito em como a Bíblia diz que devemos honrar nossos pais. Imaginava que estava isento de fazer isso porque meu pai era um ignorante, mas a falta de paz em minha vida me dizia outra coisa. Passei dois anos lutando com a idéia de como podia honrar alguém que odiava. Durante essa época, aprendi a fazer duas coisas que realmente ajudaram. Uma era fazer a seguinte pergunta: Por que meu pai era dessa forma? Por que ele era tão raivoso? Por que ele trabalhava tanto? Por que ele bebia o tempo todo? Por ele era desligado emocionalmente? Fazer essas perguntas e procurar as respostas para elas, ajudou-me a enxergar meu pai como uma pessoa comum com os problemas que as pessoas comuns têm. Na verdade, tentar compreendê-lo ajudou-me a sentir compaixão por ele.

— Nunca pensei nisso antes — reflete Camille.

— A outra coisa que aprendi foi ser agradecido. Comecei apenas ficando agradecido por estar vivo e percebendo o papel de meu pai em me dar vida. A seguir, comecei a perceber que, na verdade, meu pai era bom em algumas coisas e que me ensinou uma ou duas coisas. Por exemplo, meu pai modelou para mim a importância de a pessoa fazer o melhor que pode. Aos poucos, minha percepção e minhas expectativas mudaram, da mesma forma que nosso relacionamento. Não me entenda mal. Isso não foi rápido nem fácil, mas valeu a pena. Honestamente, teria valido a pena mesmo que ele não tivesse mudado; eu precisava passar por esse processo, do contrário, acho que cometeria os mesmos erros dele. Desculpe por interrompê-las, mas acho que minha história tem alguma relação com a sua situação.

— Sr. Hart?

— Sim, Bianca.

— Obrigada por interromper.

O pai de Camille deixa o quarto com um sorriso e um aceno de cabeça.

CONEXÃO DE FÉ:

Jesus, mostre-me como honrar meu pai e minha mãe, em especial, quando me magoam, frustram ou aborrecem. Faça com que os veja da maneira que o Senhor os vê. Dê-me um coração de amor, de perdão, de obediência e de oração por eles, mesmo quando não quero isso.

CONTROLE:

Qual é a primeira coisa que lhe vem à mente quando pensa em sua mãe? E em seu pai? As coisas que lhe vêm à mente são positivas ou negativas? Se forem positivas, você agradeceu a eles ultimamente? Se forem negativas, você os perdoou e orou por eles ultimamente? Se tiver um bom relacionamento com seus pais, tenha o cuidado de não considerá-los como algo certo. Dedique tempo a eles e expresse sua gratidão. Se tiver um relacionamento difícil com um de seus pais, ou com os dois, hoje seria um ótimo dia para começar a trabalhar nesse relacionamento. Peça a Deus que cure suas mágoas e que transforme seu coração em relação a sua mãe ou seu pai.

FÉRIAS DE PRIMAVERA

Sacrifício

DOWNLOAD:

E far-te-ei uma grande nação, e abençoar-te-ei, e engrandecerei o teu nome, e tu serás uma bênção. Gênesis 12.2

Asia Kirby decidiu concorrer ao conselho estudantil na primavera. Ela imaginou uma vitória fácil e estava certa. A maioria dos alunos da escola de Ensino Médio de San Diego gosta dela, e ela ganhou a eleição por larga margem. O recém-eleito conselho estudantil reúne-se algumas vezes no fim do ano escolar a fim de reunir idéias para o ano seguinte. Um dos alunos, Abby Zachary, sugere que organizem uma viagem a Tijuana durante uma das férias deles.

De início, todos acham a idéia maravilhosa, até o momento em que Abby começa a falar em servir em um orfanato ou em construir casa para famílias necessitadas. Eles, até mesmo Asia, pensaram em uma semana na praia e em compras com desconto. Após um breve debate, em que a maioria dos alunos se sente culpada por argumentar em favor de relaxar e contra ajudar os outros, o conselho vota por organizar uma viagem de serviço para as férias de primavera. Após um longo debate, eles concordam com relutância. É muito mais fácil aprovar a viagem em teoria que votar a favor de sacrificar as férias de primavera para ajudar os outros.

Ao longo do verão e do outono, ninguém, a não ser os organizadores voluntários Abby e Sam, pensou muito na viagem. O plano final é levar sessenta alunos para um orfanato por cinco dias. Eles dedicariam seu tempo a ajudar no trabalho com as crianças e a construir outra casa na propriedade. No fim, a viagem custaria apenas R$ 580,00 para cada aluno.

A reação inicial de Asia foi: *Quem em sã consciência gastará R$ 580,00 para passar as férias de primavera em um orfanato? Não há como conseguir que sessenta alunos concordem com isso.* Ela estava errada.

Nas primeiras três semanas, todas as sessenta vagas foram preenchidas, e os alunos pagaram tudo. A resposta deixa Asia chocada, e delicia Abby e Sam. Ela admite que interpretou mal a atitude da escola em relação ao trabalho assistencial. As férias da primavera aproximam-se rapidamente, e, antes que percebam, os alunos se reúnem cedo, na escola, para lotar os ônibus.

— Alunos, posso ter a atenção de vocês, por favor? — chama a Sra. Derrick, diretora da escola. — Quero agradecer a todos por virem nesta viagem. Estou muito orgulhosa com o compromisso e o sacrifício de vocês. Antes de partirmos, quero falar-lhes rapidamente. Não sei quantos de vocês já estiveram em Tijuana ou já participaram de um programa como esse. Para os que ainda não conhecem Tijuana, vocês têm de se preparar para encontrar uma das condições de vida de maior pobreza do mundo. O que vocês verão os surpreenderá, chocará e partirá o coração. Vocês não podem conceber totalmente a pobreza até que a vivenciem. Se tiverem alguma pergunta ou precisarem conversar, por favor, procurem-me ou a um dos outros acompanhantes.

— O que pode haver de tão ruim nisso? — pergunta Asia, lançando olhares desagradáveis. — Não quero dizer como pode ser ruim não ter pais. Mas sim, o que pode haver de tão ruim ser do orfanato? — sua explicação não melhora a situação, assim, ela resolve se calar.

Asia imagina as crianças do orfanato assistindo antigos filmes da Disney no vídeo em uma sala semelhante a de sua casa, apenas com mobília usada e com pouca decoração. Asia nunca participou de uma viagem como essa, mas tinha certeza de que exageravam acerca das condições que encontrariam. Ela inclina sua poltrona a fim de dormir um pouco.

Ela acorda exatamente quando saem do posto de fronteira. Esfrega os olhos e vê a rua cheia de pedintes esfarrapados com o olhar vazio se aproximando do ônibus com latas de café vazias nas mãos. A visão a choca, e ela consegue apenas olhar fixo. Isso é diferente de ver um sem-teto do outro lado da rua. Ela desvia o olhar, ainda com esperança de que o orfanato seja bem diferente.

Trinta minutos e zilhões de latas vazias depois, ela descobre como fora ingênua. Em vez de quatro crianças assistindo alegremente *A dama e o vagabundo* em uma típica sala de estar de classe média, ela vê centenas de crianças com roupas velhas que, provavelmente, usam há semanas, sentadas do lado de fora, sobre o gramado, tirando arroz com as mãos de uma tigela. Ela não pode acreditar em seus olhos.

Os dois primeiros dias são repletos de uma descoberta alarmante após a outra. Ela aprende que, com freqüência, a roupa rasgada das crianças é a única que possuem. Muitas crianças dividem a cama com duas ou três outras. Arroz é o almoço de segunda-feira. O jantar de segunda-feira, o almoço de terça-feira e o jantar de terça-feira. A casa que estão construindo, apenas um pouco maior que o quarto dela, será a casa de oito órfãos e de uma supervisora que desempenha o papel de mãe. Eles têm de ferver a água que usam, e os vasos sanitários são buracos no chão. Asia não fazia idéia de que havia pessoas que viviam de forma tão diferente da sua.

Sua maior descoberta é a compaixão, o que a motiva a trabalhar com mais empenho do que pensava ser possível. Ela e os outros alunos levantam cedo e começam a trabalhar. Eles trabalham sob o calor da tarde inteira até à noite. Depois de o sol se pôr, eles passam as noites brincando com as crianças e se ocupando com os bebês.

Na noite de quinta-feira, depois do jantar, a diretora do orfanato reúne-se com o grupo. Asia está sentada totalmente maravilhada com a atitude e o serviço da diretora. Esta, depois de terminar de falar, faz perguntas aos alunos. Asia levanta a mão.

— Sim, Asia.

— Não pude deixar de pensar durante toda a semana: Quanto custa manter um lugar como esse?

— Essa é uma ótima pergunta, Asia. Obrigada por fazê-la, temo que a resposta possa surpreendê-la.

— Está bem.

— Custa entre sessenta e cem reais por mês por criança, provavelmente perto do que alguns de vocês gastam em um fim de semana padrão.

HISTÓRIAS DE FÉ:

A doação de amor é sacrificial.

Em casa, à medida que Asia olha em volta de seu quarto, as palavras da diretora ecoam em sua mente. Ela acabara de abrir mão de suas férias de primavera e de R$ 580,00, mas percebe o quanto de sua vida consome consigo mesma.

Asia olha em volta de seu quarto com remorso. Seu quarto está cheio de coisas que antes pareciam tão importantes. Uma pilha alta de

CDs e DVDs sobre a penteadeira próxima ao aparelho de som estéreo conectado à televisão e com um aparelho de DVD embutido. Roupas e sapatos espalhados por todo o chão do quarto, no entanto, não há espaço no *closet*. O computador portátil e o *iPod* estão aninhados casualmente sobre a pilha de cobertores da cama desfeita. As paredes são uma confusão de cartazes, o quadro de avisos está cheio de fotos que tirou com sua câmera digital, as prateleiras são uma mistura de itens colecionáveis e desnecessários, ela não consegue computar o montante de dinheiro que seu quarto representa. Senta-se envergonhada sobre a cama. Por que essa experiência a fez ver as riquezas que ela tinha como garantidas há tanto tempo. Por quê?

Agora, ela vê a vida sob uma luz distinta. Nenhum de seus pertences jamais a preencheu tanto como essa última semana. Ela decide viver, de agora em diante, de uma forma diferente e sacrificar suas vontades triviais por outros em necessidade.

CONEXÃO DE FÉ:

Jesus, tenho mais do que preciso. Obrigada por me dar tanto. Ajude-me a me tornar como o Senhor e a dar em amor, mesmo quando é difícil. Pegue o que o Senhor me deu e me mostre como passá-los para os que precisam.

CONTROLE:

Você já pensou no quanto tem a dar? Você pode dar não apenas seu dinheiro e posses, mas também seu tempo, seus talentos e habilidades. Você tem experiências para compartilhar e sabedoria a transmitir. Deus lhe deu muito e pretende que você seja uma bênção para os outros. Ao fazer isso, você segue o exemplo dEle como aquEle que nos ama tanto que entregou seu único Filho. Além disso, você descobre um novo sentido e relevância em sua vida. Procure oportunidades para dar generosamente o que lhe foi dado. Comprometa-se a ter uma vida sacrificial como foi a de Jesus.

VOCÊ NÃO É A ÚNICA

Raiva de Deus

DOWNLOAD:

Porque não desprezou nem abominou a aflição do aflito, nem escondeu dele o seu rosto; antes, quando ele clamou, o ouviu.
Salmos 22.24

Aléxis senta-se imóvel no fundo da sala. Seu olhar vítreo está fixo no chão. As pessoas se movimentam em torno da sala, sussurrando uns com os outros entre abraços e apertos de mãos. Poucas pessoas olham na direção de Aléxis. Ela ora para conseguir sair sem conversar com ninguém, mas sabe que isso é impossível. Afinal, ela sabe que Deus não responde às orações, pelo menos, não às dela.

James, pai de Aléxis, está de pé em frente à igreja rodeado pela família, pelos amigos e pelas flores. Seu olhar é cansado, mas agradecido, à medida que cumprimenta a próxima pessoa da fila.

— Obrigado por vir Ann. Agradecemos suas orações e seu apoio.

— Sinto muito, James. Ela era uma boa mulher e uma amiga querida. Por favor, diga-me se houver algo que possa fazer por você e as crianças — Ann, tentando reter as lágrimas, aproxima-se do caixão para apertar as mãos da amiga pela última vez. — Ela parece tão em paz.

— Sim, ela parece. Estou contente por ter acabado o sofrimento dela — responde James, enquanto olha a mãe de seus três filhos, sua esposa há vinte anos, e sua melhor amiga. Uma lágrima solitária desce por sua face, ele não tem mais lágrimas para derramar. O último ano e meio cobrou seu tributo.

Enquanto a fila de cumprimentos continua a passar diante de seu pai, lembranças e imagens da mãe inundam a mente de Aléxis. O sorriso orgulhoso da mãe sentada na platéia, enquanto Aléxis se apresenta em seu primeiro coral da escola de Ensino Médio. A risada da mãe com o cartão de aniversário que deu a ela há dois anos. A mãe escutando a história de como seu coração ficou partido por Adam, sua paixonite do fim da escola fundamental, evitá-la depois que sua "amiga" Alicia contou a novidade para ele. Porém o que mais lembra é de sua cabeça sem cabelos enquanto ela estava deitada na cama de hospital ligada a uma quantidade perturbadora de máquinas.

Por que a mamãe teve de morrer? Por que ela? Por que não alguém que mereça isso? Ela era uma boa pessoa. Isso não faz nenhum sentido. Por que Deus fez isso comigo, conosco? O que fizemos para merecer isso?

No fim, as perguntas de sua mente, em seu coração, transformam-se em uma conversa. *Deus, não entendo o Senhor. O Senhor afirma ser um Deus de amor, contudo, deixa pessoas que o amam ficarem doentes e morrerem. Supostamente, o Senhor é Todo-poderoso, porém, não faz nada. O senhor nos diz para orar e pedir sua ajuda, mas o Senhor não responde. Realmente, não consigo entender como ninguém mais vê isso. Minha família toda sofreu lavagem cerebral. Eles continuam a falar sobre como ela está em um lugar melhor. Quem dera! Se o céu é onde o Senhor está, então, é o último lugar em que quero estar. O Senhor não faz nada além de me desapontar. Eu odeio o Senhor! No que me diz respeito, o Senhor não existe. Nem sei por que me incomodo em conversar com o Senhor.*

Nas semanas seguintes, o desapontamento de Aléxis transforma-se em raiva. Um anoitecer, enquanto ela trabalha em seu dever de casa em uma cafeteria, vê Tiffany Clayton entrar. Tiffany faz parte da equipe de *Young Live* (Vida Jovem) e freqüenta a escola de Aléxis. Ela lhe acena brevemente e retorna a sua tarefa.

HISTÓRIAS DE FÉ:

Nossas emoções não ameaçam a Deus. Ao contrário, convida-nos a levá-las a Ele, mesmo que Ele mesmo seja o alvo delas.

— Esta cadeira está ocupada? — Aléxis levanta os olhos e vê Tiffany de pé a sua frente.

Aléxis faz uma pausa, antes de responder:

— Não — diz com alguma hesitação.

— Como vai você?

Que tipo de pergunta é essa? Como você acha que estou? Você não sabe que minha mãe acabou de morrer? Aléxis peleja para conter a língua e não dizer as palavras que estão em sua mente, então responde com frieza:

— Estou bem.

— Soube sobre sua mãe. Sinto muito. Sei como você se sente.

Você sabe como me sinto? Está certo. Você não pode nem começar a imaginar como me sinto. Aléxis, de novo, refreia a língua e sussurra em tom sarcástico:

— Sem dúvida.

— Tinha dezesseis anos.

— O que você quer dizer com você tinha dezesseis anos?

— Tinha dezesseis anos quando meu pai morreu em um acidente de carro. Um motorista bêbado bateu nele quando voltava para casa após me deixar em meu jogo de futebol. Lembro-me de estar sentada no funeral dele sentindo muita raiva, e tinha mais raiva ainda do motorista que sobreviveu ao acidente, mas estava furiosa com Deus. Não conseguia entender isso. Naquele ponto, nada fazia sentido para mim. Toda a minha vida, meus pais falaram de Deus em termos positivos. No entanto, quando meu pai morreu, todo meu sistema de crença morreu com ele.

Aléxis não responde.

— Comecei a questionar tudo que ouvira sobre Deus ser bom. Se Ele era tão bom, então, por que meu pai foi morto? Se Deus era tão bom, então, por que minha mãe e eu tínhamos de passar por tanto sofrimento? Eu tinha milhões de perguntas e nenhuma resposta, e isso me deixou com mais raiva. Depois, a raiva virou ódio, e o ódio, indiferença. Se Deus deixou meu pai morrer, por que eu deveria me importar com Ele e com o que tivesse a dizer? Pensei o seguinte: Se Deus deu as costas para mim, retribuirei da mesma forma. Afastei-me de tudo que fosse remotamente ligado a Deus. Enterrei minha fé com meu pai.

Pela primeira vez após o diagnóstico da mãe, Aléxis sente que alguém entende pelo que estava passando. Mas ela ainda tem perguntas.

— Mas como você foi do ponto em que estava para onde está hoje? — espanta-se Aléxis.

— Bem, não sei se tenho uma boa resposta para isso. Quando meu pai morreu, minha vida meio que saiu do controle. Achei que podia retribuir a Deus, a quem considerara responsável pela morte de meu pai, fazendo tudo o que sabia ser errado. O problema é que isso não funcionou, as coisas apenas pioraram para mim. Minha rebelião fez minha mãe sofrer, pois não sabia como me alcançar. Perdi minhas amigas, parei de fazer esportes e quase larguei a escola. E o pior de tudo, por mais que quisesse viver como se Deus não existisse, não conseguia escapar dEle.

— O que você quer dizer? — interrompe Aléxis.

— Quando percebi que as coisas estavam fora de controle, procurei uma opção que não fosse a raiva. Para encurtar a história, encontrei apenas outra opção possível.

— Qual era?

— O perdão. Se pretendia viver como se Deus não existisse, então não podia culpá-lo pela morte do meu pai. O processo de perdoar me fez reconsiderar tudo que acontecera e a reconsiderar Deus. Aos poucos, comecei a abraçar a possibilidade de que coisas horríveis acontecem na vida, e que Deus continua a ser bom. Talvez isso pareça ilógico, mas aceitar essa possibilidade impulsionou minha jornada de volta a Deus.

Tiffany toma um gole de seu café e, depois, continua. — De qualquer jeito, queria apenas que soubesse que não é a única que passou por algo assim. Sempre que quiser conversar mais, não hesite em me telefonar — Tiffany escreve seu telefone em um guardanapo e entrega para Aléxis.

Tiffany levanta-se e pega sua xícara.

— Bem, preciso me apressar. Talvez conversemos mais outra hora.

CONEXÃO DE FÉ:

Deus, estou com raiva. Não entendo por que minha vida é tão difícil nem por que o Senhor parece não fazer nada sobre isso. Sinto-me como se o Senhor tivesse me dado as costas. Contudo, acredito que o Senhor me ama e tem a melhor intenção no coração. Ajude-me a confiar no Senhor.

CONTROLE:

Você já sentiu raiva ou ficou desapontada com Deus? Ferida ou confusa? Você não é a única. Há outras pessoas a sua volta que já se sentiram da mesma forma. A Bíblia — especificamente nos livros do Antigo Testamento como Salmos, Jó e Lamentações — relata muitas histórias de pessoas de Deus que, ao longo da história, vivenciaram essas mesmas emoções. Deus, por intermédio de Jesus, tornou-se homem. Ele entende suas emoções e suas lutas. Fale com Ele sobre como se sente. Expresse seus sentimentos e dê ao Senhor a oportunidade de responder.

PEQUENOS COMEÇOS

Cortes

DOWNLOAD:

Os justos clamam, e o Senhor os ouve e os livra de todas as suas angústias. Perto está o Senhor dos que têm o coração quebrantado e salva os contritos de espírito. Salmos 34.17,18

Alice chega em casa às 15h45min, após mais um dia estressante de aulas. Cada dia parece mais difícil que o anterior. À medida que arrasta sua mochila pela rua, ela mal pode esperar para se estatelar sobre o sofá. Pensa: *Apenas cinco minutos de paz, é tudo de que preciso. Depois, começo com minha álgebra.*

Alice joga a mochila no primeiro degrau da escada e vai para o sofá. Ela se joga sobre a luxuosa almofada cáqui do novo sofá da família, fecha os olhos castanhos e respira fundo. Ela expira lentamente, na tentativa de soltar as emoções contidas.

Os últimos meses foram difíceis para Alice. A escola tornou-se mais difícil que nunca desde que sua melhor amiga, Patty, começou a namorar. Alice estava contente pelo casal, mas se sentia mais só que o habitual. A vida era mais fácil quando Patty estava sempre disponível para escutar.

A solidão é acentuada pela distância que sente dos pais. Alice ama os pais e está razoavelmente segura de que eles também a amam. Eles apenas não se entendem. Ao contrário, Alice sente-se constantemente criticada pelos pais. Ela sabe que eles querem o melhor para ela e que ela dê o melhor de si, mas não entende por que, às vezes, isso dói.

Após quatro respiradas nessas breves férias de Alice, a porta da cozinha se abre de repente. A Sra. King entra pela porta, dizendo:

— Oi, Alice! Bem-vinda em casa, querida. Como foi sua...? — ela se interrompe antes de terminar a sentença. — Alice, quantas vezes tenho de falar para você? Esse sofá é novo. Tire os sapatos sujos antes que esfregue os pés por todo o tecido.

Ela vira-se e volta para a cozinha, reaparecendo um pouco depois com um vidro de limpador de tapeçarias.

Antes de Alice tirar o segundo sapato, a Sra. King começa a borrifar o produto de limpeza, esfregando, e continua a conversa.

HISTÓRIAS DE FÉ:

A vida pode ser difícil, mas há formas melhores de enfrentar as dificuldades do que cortando a si mesma. Jesus está bem ao seu lado. Ele pode mostrar-lhe uma forma melhor de lidar com as coisas e lhe dar força para procurar ajuda.

— De qualquer modo, por que você está deitada? Você não tem dever de casa para fazer? Por que não sobe e começa logo com sua matemática antes de seu pai voltar para casa?

Alice, embora cansada, não pára de suspirar enquanto se levanta do sofá, pega os sapatos "sujos" e se dirige para a escada. Poucos minutos depois, ela volta para pegar a mochila. Duas horas depois, ela ouve a porta da garagem abrir. A Sra. King chama Alice para o jantar.

O jantar nos Kings consiste de comida caseira, um resumo do dia do Sr. King, uma avaliação do desempenho da vida de Alice e, por fim, várias recomendações sobre como ela deve agir. Esta noite, a única coisa extraordinária é o comentário da Sra. King sobre uma espinha que está se formando na face direita de Alice. Logo após a sobremesa, a adolescente vai para seu quarto terminar a tarefa de casa antes de tentar dormir um pouco.

Ela termina a tarefa por volta de 1 hora da manhã. Os pais já estão dormindo, quando ela vai ao banheiro. Enquanto escova os dentes, ela revive seu dia. Relembra o embaraço de ter interrompido o beijo de Patty e de Nick depois do primeiro intervalo. Lembra-se de ter tido: "Oi", para Jason Wilson. Ele não ouviu ou preferiu ignorá-la. *O que foi aquilo?*

Depois, teve álgebra. Ela gostaria de entender. Enquanto recordava os vários momentos, viu a espinha de novo. Ela cospe a pasta de dente, enxágua a boca e tenta espremer a espinha. Não tem sorte. Mas, à 1h15min, quando termina tudo, está relaxada o bastante para cair imediatamente no sono.

Na manhã seguinte, a espinha está horrível. *Ainda bem que existe maquiagem*, pensa ela enquanto passa uma camada em sua face. Seus dias continuam como sempre.

Há muitos momentos embaraçosos com Patty e Nick. Ela odeia ser a terceira. Quanto mais durar o relacionamento deles, menos ela conversa com Patty. Alice pensa em iniciar outras amizades, mas não quer trair Patty. *E se Nick partir o coração de Patty?* Ela quer estar disponível, apenas por garantia. É o mínimo que pode fazer.

A álgebra continua a ser uma dificuldade. Na verdade, o estresse alcançou também suas outras aulas. Todos os professores parecem frustrados com ela. Seus pais os imitam.

— Alice, não achamos que seja uma boa idéia você ir ao jogo de basquete. Sua mãe e eu decidimos que você, até que suas notas reflitam seu potencial, precisa passar mais tempo estudando e menos tempo jogando com suas amigas.

— O quê? Tenho quatro anos? — resmunga para si mesma enquanto se arrasta escada acima. Ela não conseguia se lembrar da última vez em que "brincou", se divertiu ou, por falar nisso, riu. Não faz tanto tempo, ela apenas não consegue se lembrar do dia.

Por fim, apesar do trabalho penoso de todo dia, aproximam-se os feriados de Natal. De início, ela ficou muito entusiasmada. *Três semanas sem dever de casa!* Todavia, ela se esquecera de como os feriados podem ser solitários. Durante o feriado, certo dia, ela dormiu e, depois, ficou na cama pensando em sua vida. Agora, Alice mal tem energia para tomar um banho de chuveiro e faz quase duas semanas que raspou as pernas. Os pêlos estão repulsivos. Ela corta acidentalmente a coxa enquanto raspa as pernas.

— Ai! — lamenta ela, enquanto abaixa a cabeça para verificar o corte. Imediatamente, como por instinto, ela começa a abrir a ferida. Poucos segundos depois, ela começa a se cortar com o aparelho de barbear, aprofundando a ferida e fazendo com que sangre. Quando o sangue corre pela perna, os medos, as frustrações, os embaraços, os pesares e a solidão de Alice parecem sair com ele. Por fim, ela experimenta o alívio do estresse dos últimos meses. O que ela procurou no sofá, encontrou na lâmina.

O alívio dura apenas um momento. Algo aciona os sentidos de Alice e, de repente, ela percebe o que está fazendo. Em pânico, desliga a água e alcança uma toalha. Ela pressiona firmemente a toalha contra a perna enquanto escorrega encostada à parede do chuveiro. Enquanto descansa na banheira, embaixo do chuveiro, lágrimas descem por seu rosto, e o medo aperta seu coração. Alice ouvira as pessoas falarem sobre cortar a si mesmas. Ela nunca se imaginara nessa situação. Ela questiona-se: *Por que isso pareceu tão bom? Preciso de ajuda, mas a quem posso procurar com um problema desses?*

Ela decide pesquisar algumas respostas *online*. Tem consciência de que isso não é algo com que possa lidar sozinha.

CONEXÃO DE FÉ:

Jesus, se me sentir tentada a me ferir de alguma maneira, por favor, detenha-me. De alguma forma estranha, isso faz com que me sinta melhor e, ao mesmo tempo, assusta-me. Ajude-me a lidar com minhas emoções de forma saudável. Ajude-me a ser sensível a outras pessoas que possam estar lutando com hábitos autodestrutivos. Ajude-me a ver a mim mesma da forma como o Senhor me vê, uma pessoa estimada e amada.

CONTROLE:

Muitas vezes, emoções como tristeza, culpa, raiva, estresse ou depressão são arrasadoras. É difícil saber o que fazer com elas. Elas podem pesar tanto que tudo que você quer é um alívio. Isso é normal e compreensível. Deus planejou você para que sentisse, e Ele fornece formas saudáveis de lidar com esses sentimentos. Se você estiver se cortando ou se machucando de alguma forma, por favor, converse imediatamente com um adulto confiável.

FUNDAMENTAL OU NÃO?

Beleza

DOWNLOAD:

Enganosa é a graça, e vaidade, a formosura, mas a mulher que teme ao Senhor, essa será louvada. Provérbios 31.30

Tudo começou há quatro dias. Domingo de manhã, 27 de fevereiro para ser exata. Antes de o primeiro sinal tocar, a notícia começou a se espalhar. Misty Buford, aluna da oitava série, entrou no refeitório com olhar seguro e sorriso confiante. Andou rápido até sua mesa. Assim que as amigas a viram souberam o que tinha acontecido, mas esperaram. Misty curvou-se sobre a mesa e disse apenas poucas palavras:

— Agora, a festa de formatura está em sessão.

Daniel tem boa aparência, é solteiro, inteligente, talentoso, popular, agradável e humilde. Por tudo isso, ele era propício às especulações sobre sua escolha da acompanhante para a festa de formatura. Como a maioria das pessoas, ele ama a atenção. E se diverte com o drama (pelo menos, até certo ponto). Contudo, ele aproxima-se rapidamente desse ponto. Daniel conhece várias opções atraentes, porém, continua a voltar a uma garota.

Assim que ele tomou a decisão, a pergunta do dia: "Quem você vai levar à festa de formatura?", passa rapidamente de divertida a aborrecida. A pergunta transformou-se de uma brincadeira despreocupada a uma decisão de muita pressão.

Em seis horas, a pressão chega a um grau incontrolável por causa da presença de Misty. Esta se intitulou diretora social da escola. Sua principal responsabilidade — conhecer os compromissos sociais de todos. Para uma diretora social, a festa de formatura é como o mês de maio para as casamenteiras. Misty sabe que a aula de coral da Sra. Kirby é o melhor momento para uma consulta, pois "nunca fazemos nada na aula de coral". Por isso, ela chega cedo e espera ao lado da porta.

Daniel entra para a aula acompanhado de Balke, Mary e sua irmã gêmea, Bethany. Blake Owens, melhor amigo de Daniel, "vacinou-se" contra o drama da festa de formatura quando começou a namorar Amber, em dezembro. Bethany planeja ir com um grupo de amigos. Quando se aproximam da porta, Daniel e Blake param a fim de deixar Mary e Bethany entrarem primeiro.

Quando Daniel atravessa a porta, Misty o agarra pelo braço e arrasta-o até um assento vazio. Blake, Mary e Bethany viram os olhos, riem e seguem os dois.

— Daniel, você sabe que dia é hoje, certo?

— Sim, Misty. É sexta-feira.

— Resposta errada. Faltam exatamente 56 dias para a festa de formatura e até agora, que eu saiba, você não tem um par — rebate Misty.

— Verdade? Cinqüenta e seis dias. Tudo isso? — brinca Daniel.

— Não tem graça — continua Misty, sem se deixar abalar pelo gracejo. — Do meu ponto de vista, você tem seis opções de primeira. Primeiro, temos Summer Espinoza. Ela é absolutamente maravilhosa e divertida. Já recusou dois rapazes. Acho que ela está esperando que você a convide. Opção dois: Rachel McMurray que, por acaso, é uma de minhas melhores amigas. Garanto que ela aceitará o convite, pois acabei de conversar com ela. Apenas entre nós, talvez Ryan Franks também a convide. Ela dirá sim a quem pedir primeiro. A terceira da lista é a adorável e talentosa Srta. Naomi Granger — Misty parece realmente sentir grande prazer com sua apresentação. — Como você sabe, Naomi recebeu oferta de três bolsas de estudo integrais de escolas da primeira divisão por causa do basquete.

— Cara, ela é dez centímetros mais alta que você! — intervém Blake.

— Com licença, Owens! Este é o meu *show* — interveio Misty.

Ela estava se divertindo de verdade.

HISTÓRIAS DE FÉ:

As coisas que tornam a pessoa verdadeiramente bonita estão abaixo da superfície.

— Quarta, passando para as meninas da oitava série, encontramos Rebekah Thomas. Sim, ela pode ser um pouco desajeitada socialmente, mas imagine mostrar a foto de sua festa de formatura para seu colega de quarto. Ela é de longe a moça mais bonita da escola. Vocês ficariam maravilhosos juntos.

— Ela está certa, Daniel. Rebekah é realmente bonita — concorda Mary com um sorriso malicioso.

— Vamos para a número cinco.

— Você realmente fez uma lista? — pergunta Bethany, e todos riem.

— Como dizia, em quinto lugar, temos Ramona Evans. Nome esquisito, mas ela é uma gracinha. Além disso, vocês têm a sétima aula juntos e será fácil combinarem as cores dos trajes.

— É tão importante combinar as cores — diz Mary com uma piscadinha.

— A última, mas não menos importante, a moça com o sorriso mais contagiante que essa escola já viu, Kellie Kaufmann. Ela é a mais agradável. Então, Daniel, qual será?

— Bem... talvez Misty não saiba tanto quanto pensa — responde Daniel, encolhendo os ombros e voltando-se para os amigos.

— Talvez você deva apenas convidar todas elas — sussurra conspiradoramente a Sra. Kirby.

Todos caem na gargalhada, quando ela pisca e levanta o polegar.

— Que seja. Na verdade, já convidei alguém.

— Quem? — gritam todos uníssonos.

— Acho que sei — diz Bethany.

Daniel recusa-se a dizer mais alguma coisa. Todavia, depois, no corredor, Bethany o pressiona.

— Bem... — exige ela.

— Quem você acha que é? — sorri Daniel.

— É Mary?

— Adivinhou, mana. Como você sabia?

— Bem, sei que nenhuma das moças da seleção de Misty faz seu tipo. Depois, vi umas duas olhadas que deu para Mary.

— Bom olho. Sempre me divirto tanto com a Mary. Além disso, queria partilhar a festa de formatura com alguém com quem realmente me importo, em vez de convidar alguém apenas por causa da popularidade ou da aparência.

— Estou impressionada de verdade, mano. Mary tem mais beleza interior que todas aquelas moças juntas. E mais, ela tem ótimas pernas — diz ela com piscada.

CONEXÃO DE FÉ:

Jesus, quero ser o tipo de pessoa que valoriza as coisas certas. Por muitas vezes, coloco o foco na aparência física dos outros e em mim mesma. Transformo isso no mais importante, quando, na verdade, não o é. O Senhor criou todos a sua imagem. Ajude-me a ver que todos são bonitos, e a dar mais valor ao caráter e ao coração das pessoas e aos meus.

CONTROLE:

Vivemos em uma cultura que determina o valor da pessoa por sua aparência. As pessoas avaliam e classificam o "potencial" umas das outras com base na televisão, na Internet e nas conversas. As que alcançam mais pontos desfrutam de privilégios e de tratamento negados ao restante de nós. Provavelmente, você já fez isso ou teve alguém que fez isso com você. Esse sistema tem todos os tipos de problemas. Ele reduz a pessoa que Deus criou a sua imagem a um número ou objeto. Esse sistema separa, isola e fere as pessoas. Além de enfatizar algo sobre o qual poucas pessoas têm controle e que muda drasticamente com a idade. Nesse sistema, alguém pode ser popular, poderoso e influente e não ser bom nem complacente. Resista à tentação de julgar os outros ou a si mesma pela aparência. Trate todos com dignidade, honra e respeito. Além disso, esforce-se para reconhecer e defender as coisas que Deus julga belas.

NÃO TEM PROBLEMA

Trapaça

DOWNLOAD:

Balança enganosa é abominação para o Senhor, mas o peso justo é o seu prazer. Provérbios 11.1

Desanimado, Ariel cambaleia para fora da sala de aula.

"O que foi *aquilo*?", pergunta a ninguém em particular. "Essa matéria será o meu fim."

Ariel achou que o último ano seria fácil. Em vez disso, surge um novo tormento e acaba com essa ilusão. Seu nome, Sr. Robertson. Sua matéria, Sistema Avançado de Governo. O Sr. Robertson, ex-membro de uma divisão especial da Marinha que se tornou professor universitário, estava cansado de lidar com estudantes universitários indisciplinados e despreparados. Há cinco anos, ele deixou uma posição boa e bem remunerada e mudou-se para uma pequena cidade do meio-oeste a fim de "preparar adequadamente os alunos do Ensino Médio para a universidade".

Ele realiza sua missão por meio de um método simples, mas eficaz. Ensina o conteúdo exigido para Sistema Avançado de Governo da mesma forma que o fazia na universidade. No primeiro dia de aula, ele distribui um programa da matéria com o resumo de todas as aulas expositivas, tarefas, trabalhos e provas, incluindo os requisitos mínimos e as devidas datas.

Depois de rever o conteúdo para garantir que todos os alunos entendam suas expectativas, ele informa à classe:

"A partir deste momento, vocês não têm nenhum motivo para me perguntar sobre a carga de trabalho exigida e nenhuma desculpa para não fazer qualquer tarefa. Por fim, gostaria de lembrá-los que têm de passar nesta matéria para se formar. Obrigado. Vocês estão dispensados."

Os alunos saem da sala de aula silenciosos, perplexos e em choque. Nenhuma história ou aviso se compara ao pesadelo da experiência real. Infelizmente, a maioria dos alunos interpreta mal os motivos do Sr. Robertson. Ele se importa de maneira genuína com os alunos e quer que sejam bem-sucedidos. Ele é um professor fenomenal com um plano brilhante. Todavia, a maioria dos alunos do último ano do Ensino Médio o considera primo em primeiro grau do demônio. Esse ano não é diferente.

Depois de baixar o choque inicial do Sistema Avançado de Governo, os alunos do último ano do Ensino Médio da Washington High recorrem à primeira forma de comunicação que aprenderam — lágrimas, grunhidos, gemidos e suspiros. Por fim, recuperam a voz:

— Tem de ser brincadeira!

— Ele não pode estar falando sério.

— Definitivamente, este é o pior dia da minha vida.

— O que acontece se eu fracassar? Se fracassar, não me formo. Se não me formar, não posso ir para a faculdade. Se repetir o último ano, tenho de viver em casa. O que vou fazer?

Mais tarde naquele dia, os alunos se resignam ao fato de que lamentar e se preocupar não os ajudaria a ler a introdução e o primeiro capítulo do volumoso dicionário-livro do Governo dos Estados Unidos. Nem os ajudaria a responder às perguntas para a discussão do final do capítulo. Nem os prepararia para o teste de vocabulário marcado para quinta-feira. Eles não têm escolha a não ser fazer o trabalho.

No fim da primeira semana, muitos alunos do último ano tinham desenvolvido olheiras sob os olhos. Poucos pareciam demorar a se ajustar ao ritmo da nova matéria. A reação dos colegas varia da fuga frustrada ao insulto ciumento e à humildade em pedir ajuda. Independentemente de qualquer coisa, todos estão prontos para o fim de semana.

Segunda-feira de manhã, os alunos se reúnem no refeitório e contam suas aventuras do fim de semana. Inevitavelmente, a conversa cai na tarefa de Sistema Avançado de Governo designada para hoje.

— Então, todos leram o capítulo 3? — pergunta Sunny.

— Sim, comecei a ler ontem à noite, lá pelas dez horas da noite. Eu quase esqueci, mas o Jeff me enviou uma mensagem de texto. Nunca tinha lido tanto de uma vez só. Mal conseguia ficar acordada. Também, ler sobre os democratas jeffersonianos não é exatamente uma ajuda para isso — fala Ariel.

Antes que ela possa continuar, Shelby interrompe.

— Você quer dizer democracia jeffersoniana.

— Sim, isso também — todos riem.

— Todos terminaram de ler o *Newsweek* da última semana? — Sunny continua seu questionamento.

— *Newsweek*? Do que você está falando — pergunta Ariel, com a voz perceptivelmente mais aguda.

— Você não lembra? O Sr. Robertson falou para lermos o exemplar do *Newsweek* e responder às perguntas fornecidas no programa da matéria — conforme continua, Sunny começa a falar como o Sr. Robertson —, ele aconselhou que assinássemos o *Newsweek*, pois será uma tarefa semanal. Ele quer que fiquemos atualizados com os assuntos nacionais e mundiais.

— Humm. Deixe-me pensar por um minuto. A resposta é... NÃO! Claro que não lembrei. Se tivesse lembrado, por que perguntaria? — retruca Ariel com as faces vermelhas.

HISTÓRIAS DE FÉ:

Você pode justificar ou racionalizar qualquer coisa, mas isso não muda a realidade nem as conseqüências de seus atos.

Depois de se acalmar um pouco, ela pergunta:

— O que vou fazer?

— Menina, não se estresse por isso. Aqui, pegue minhas respostas. Sua primeira aula é de inglês, certo? — pergunta Shelby.

— Sim.

— Copie minhas respostas, mude algumas palavras aqui e ali e, depois, devolva para mim no intervalo das aulas.

— Sério?

— Pode apostar.

— Muito obrigada, Shelby. Fico devendo.

— Que tal na próxima semana você ler a *Newsweek*, responder às perguntas e passar para mim. Se isso funcionar, podemos alternar as semanas em que cada uma faz a tarefa. Isso vai tornar Sistema Avançado de Governo muito mais fácil — sugere Shelby.

Sunny tenta ficar quieta, mas as palavras escapam.

— Isso não é trapaça?

— Trapaça? Você está brincando comigo? Claro que isso não é trapaça — defende Shelby.

Ariel, levemente sob a influência do aroma de café fresco, continua a justificação.

— Sunny, isso é apenas uma tarefa, não uma prova. Não vamos entrar na sala do Sr. Robertson, roubar as respostas, copiá-las e vender na Internet com um bom lucro.

— Ariel, essa é uma ótima idéia! — brinca Shelby para desanuviar a atmosfera. — Sério, o que combinamos não é diferente de fazermos a tarefa juntas. Além disso, conversei com meu irmão mais velho, todos fazem esse tipo de coisa para passar em Sistema Avançado de Governo.

Exatamente neste momento, o primeiro sinal toca, interrompendo abruptamente a conversa. Ariel pega o exercício de Shelby e se dirige para a aula de inglês. Tão logo ela se senta, começa a copiar freneticamente. Quando a Srta. Anderson termina a chamada, ela já quase terminou de copiar. Ela sente o alívio iminente. *Faltam apenas mais algumas perguntas...*

— Srta. Horner.

— Srta. Horner.

— Srta. Horner!

— Sim, senhora — responde Ariel quase em choque quando percebe o que está acontecendo.

A Srta. Anderson avança em direção à carteira dela. Ao tentar manter contato visual, ela desliza rapidamente o papel de Shelby para debaixo do seu.

— Posso perguntar o que é tão importante que a faz me ignorar?

Ariel, recuperando a compostura, desculpa-se:

— Sinto muito, Srta. Anderson. Estava tentando terminar minha tarefa de Sistema Avançado de Governo. Isso não acontecerá de novo.

— Sistema de Governo, hein? Que tipo de tortura o Sr. Robertson está ministrando no momento? — pergunta sarcasticamente a Srta. Anderson enquanto se abaixa para examinar o papel de Ariel. Imediatamente, ela percebe o que está acontecendo e pega os dois papéis. — Oh, está certo. Segunda-feira é dia de *Newsweek*. Parece que você fez algumas reflexões bem interessantes sobre os artigos da semana passada. Que tal eu ficar com esses papéis e conversarmos sobre suas percepções depois da aula?

A classe fica em silêncio. A Srta. Anderson volta para sua mesa. Milhares de hipóteses atravessam a mente de Ariel. Ela afunda na cadeira e abaixa a cabeça. De repente, pegar emprestado as respostas de Shelby parece um problema maior do que ela pensou. Ela tem certeza de que Shelby também mudará seu ponto de vista.

CONEXÃO DE FÉ:

Jesus, ajude-me a reconhecer quando estou justificando coisas que sei que são erradas. Ajude-me a ouvir minha consciência e a viver de uma forma que honre ao Senhor. Se houver áreas da minha vida em que fiz concessões, revele-as para mim. Ajude-me a viver de acordo com seus altos padrões.

CONTROLE:

A trapaça transformou-se em um passatempo nacional. Atletas profissionais trapaceiam com drogas que melhoram o desempenho. As pessoas trapaceiam em seus impostos. Maridos e esposas trapaceiam uns aos outros. Alunos trapaceiam em suas provas, testes e tarefas de casa. Estudos mostram que a trapaça se tornou mais comum e mais aceitável em nossa sociedade. Chamar a trapaça de "empréstimo" não muda o que ela realmente é, assim como chamar a mentira de "exagero" também não muda essa inverdade. A mente humana não é o padrão de certo e de errado. Deus o é. Pense em sua vida. Examine suas escolhas e se certifique de tomar suas decisões apenas fundamentada no que Deus diz que é certo e bom.

CONFIDÊNCIAS NA CAFETERIA

Fofoca

DOWNLOAD:

O homem perverso levanta a contenda, e o difamador separa os maiores amigos. Provérbios 16.28

Toda quinta-feira às 20 horas, o grupo de estudos se reúne na Starbucks[1], na calçada oposta à do *shopping*. Com uma prova oral ou teste de anatomia a cada sexta-feira, a noite já tem o programa determinado. O horário escolhido garante bastante tempo para o estudo e, mais importante, para a fofoca antes do horário em que Janete Hart tem de se recolher, às 23 horas.

— Quero um cappuccino — Amy Brown nunca olha o cardápio. Nenhuma delas olha.

— Hoje é dia de combinação leve — Janete parecia uma aficionada. — Um café expresso com muito creme *chantilly*, por favor — e virando-se para as amigas, diz — estou tãoooo cansada, preciso de muita cafeína, certo?

— Quero um café descafeinado grande com leite de soja. Por acaso, vocês estão contratando no momento?

— Seria muito legal se você trabalhasse na Starbucks. Podemos dizer que somos amigas? — comenta Amy atrás dela.

O restante do grupo concorda com a cabeça e sorri. Todas elas estavam pensando a mesma coisa. A atendente gira os olhos e entrega um formulário de pedido de emprego para Carol.

— Próxima, por favor.

— Desculpe — diz Teresa, parecendo um pouco sem jeito. — Posso conseguir um Frappuccino grande com fava de baunilha?

— Com certeza.

— Obrigada.

A Starbucks está lotada. As moças reconhecem alguns rostos familiares da escola delas. Amy e Janete acenam para uma ou duas pessoas enquanto esperam seus pedidos.

Carol Harper e Teresa Maddock cumprimentam algumas pessoas no caminho para conseguir uma mesa. Felizmente, há duas mesas pequenas desocupadas, elas juntam as duas mesas e sentam-se.

Em poucos minutos, as amigas cobrem a mesa com uma pequena montanha de livros e de papéis decorados e bonitos, além de um sortimento de canetas coloridas e de marcadores de texto. O teste do dia seguinte fornece motivação suficiente para o grupo estudar primeiro e deixar a conversar para depois. Todas as moças tinham fortes dúvidas em relação a sua apreensão do sistema endócrino. Janete sente-se mais despreparada que as outras. Ela sempre se preocupa mais que as outras, contudo, sempre recebe as notas mais altas da classe. Amy, Teresa e Carol ignoram sempre que ela verbaliza alguma insegurança em relação à escola.

Cada membro do grupo conduz o estudo de forma distinta. Amy revê sua leitura e suas anotações da aula expositiva. Ler o livro inteiro levaria menos tempo, já que anotou cada palavra que o professor disse. Teresa tenta responder às perguntas de revisão do final do capítulo. Durante a semana, Carol fizera um monte impressionante de cartões com perguntas que usa para testar a si mesma. Janete relê o capítulo com um murmúrio audível que as amigas acham irritantemente simpático.

— Janete?

— O quê?

Três olhares fixos, silenciosos.

— Estava fazendo de novo? — questiona Janete.

Três respostas iguais.

— Desculpe — sorri Janete e encolhe os ombros.

A maior parte do tempo, o grupo concentra-se no trabalho em silêncio. Ocasionalmente, alguma pergunta difícil provoca um curto debate. No fim, sempre alguém apresenta uma pergunta que gera uma confusão geral ou uma discussão calorosa. A pergunta de hoje gera confusão.

— Quanto temos de saber sobre a relação entre o hipotálamo e a hipófise? — pergunta Teresa enquanto olha o título do capítulo, extremamente longo, em seu livro.

— Não sei. Espero que não muito, pois não consigo guardar tudo direito — fala Amy.

— Nem eu — concorda Janete.

— Claro que você não consegue — Carol replica sarcasticamente.

Após cinco minutos frustrantes gastos revendo as relações e destacando as discrepâncias entre o livro e as anotações da aula expositiva de cada uma, Carol fecha seu livro. As outras seguem seu gesto. O fechamento do livro marca um breve intervalo no estudo e o início do bate papo.

— Então, vocês souberam do Landon? — pergunta Carol.

— Não, o quê? — as moças se inclinam e reduzem a voz a um murmúrio audível.

— Bem... Soube que ele está pensando em convidar Clara Blake para a festa de fim de ano.

— Você está falando sério? — pergunta Amy.

A voz dela revela uma delicada mistura de choque e de entusiasmo. Ela fica entusiasmada por Clara, mas chocada por Blake se interessar por alguém tão mal cotada no radar social.

— Absolutamente. Fiquei chocada quando soube. Então, ninguém sabe nada sobre ela? — o sussurro audível torna-se mais alto.

— Não sei nada a não ser que, às vezes, sorri para mim no corredor — fala

Janete. — Passo perto do armário dela no caminho para a aula de oratória.

— Teresa, você e a Clara não freqüentam a mesma igreja ou algo assim? — pergunta Amy.

— Sim.

— Então, o que você sabe dela? Fale, menina — pede Amy.

— O que vocês querem saber? — responde Teresa com hesitação.

— Conte-nos tudo — os olhos de Carol se dilatam, enquanto ela se inclina mais sobre a mesa.

— Bem, não a conheço tão bem. No ano em que erámos calouras, estávamos no mesmo grupo, mas não conversamos muito desde essa época. Claro que conversamos no grupo e, às vezes, na escola. Somos meio amigas, mas não passamos muito tempo juntas.

— Vamos! Você deve saber alguma coisa sobre ela — continua Carol, provocando a amiga para que faça uma fofoca. — Você está escondendo algo de nós?

HISTÓRIAS DE FÉ:

A fofoca parece inocente, quer dizer, até que afete você ou alguém que você conheça. Apenas nesse momento, você percebe o quanto ela é realmente cruel.

— No primeiro ano na escola, ela não namorou o Chris Vance? — pergunta Janete.

— Chris Vance. O Chris Vance... Aquele que falava: "Formei-me há dois anos e ainda venho a todas as festas da escola de Ensino Médio"? Esse Chris Vance? Ele me dá arrepios — fala Amy, parecendo um tanto assustada. Ela termina a frase com um arrepio que chega a fazer tremer seus ombros.

— É verdade? Ela realmente namorou esse cara? — pergunta Carol.

— Por apenas dois meses. Além disso, todas nós nos arrependemos de alguma coisa que fizemos no ano em que fomos calouras — o comentário de Teresa provoca uma pausa na conversa, enquanto cada uma tenta lembrar algo do ano de caloura e rapidamente tenta esquecer de novo.

— Não estamos falando do ano em que nós fomos calouras, mas sim sobre Clara — fala Carol, quebrando o silêncio e voltando à conversa.

— Então, o que você sabe sobre os relacionamentos dela? — inquire Amy. — Não consigo nem mesmo acreditar que esteja perguntando sobre isso!

— Honestamente, não sei muito — afirma Teresa, afastando o olhar à medida que, mais uma vez, tenta se esquivar das perguntas das amigas.

— Você não sabe muita coisa ou não quer nos contar? Acho que aconteceu alguma coisa entre eles, e você sabe o que é, mas está preocupada que espalhemos a notícia para toda a escola — afirma Carol.

— Prometo que não contaremos para ninguém — diz Janete, ansiosa.

— De verdade, não contaremos — confirma Amy.

— Prometem? — pergunta Teresa, querendo garantias.

— Sim! — exclamam todas.

— Certo. Uma noite, na reunião do grupo, Clara começou a chorar. Pensei que era compreensível depois de eles terem desmanchado o namoro. Perguntamos o que estava errado. Ela começou a falar de seu relacionamento com o Chris. Aposto que o motivo de eles brigarem foi por que a coisa ficou realmente muito quente, com certos avanços, e ela sentia culpa por isso.

— Você acha que aconteceu? — pergunta imediatamente Carol.

— Não sei, mas acho que não.

— Sem dúvida, sim. Apenas sei disso — anuncia Carol.

— Você acha que Blake sabe? — pergunta Janete.

— Amy, vocês prometeram não contar a ninguém, além disso, não sei quão longe eles foram.

— Você não sabe, mas eu sei — declara Carol, fazendo Amy e Janete rirem. — Mas prometo que não contaremos a ninguém, certo?

— Certo. Agora, podemos voltar à anatomia?

As moças reabrem os livros e voltam ao estudo. Por volta das 22h30min, apenas poucas pessoas permanecem na cafeteria. As moças decidem encerrar a noite. Elas guardam suas coisas nas bolsas e vão todas para casa, com exceção de Teresa, que prometera levar um café para o pai. Depois de pedir e receber o café, ela caminha em direção à porta.

Ao passar por uma mesa situada perto da porta, ela ouve:

— Com certeza, você é uma grande amiga, Teresa! — a voz sarcástica vem de uma colega de classe, Verônica Fox. — Tenho certeza de que Clara vai vibrar quando todo o mundo começar a discutir sobre o passado dela.

Atônita, Teresa não consegue falar. Sai vagarosamente da cafeteria. Ela se pergunta: *O que fiz?*

CONEXÃO DE FÉ:

Jesus, percebo que a fofoca sempre é dolorosa para alguém. Perdoe-me se participei de fofoca ou não intervim quando as outras fofocavam. Ajude-me a perceber que minhas palavras são poderosas e podem ferir as outras pessoas ou edificá-las. Quero ser uma pessoa que encoraja os outros. Ajude-me a controlar o que digo.

CONTROLE:

Você já foi objeto de boato? Alguma amiga já traiu sua confiança? Você já começou um boato ou traiu a confiança de uma amiga? Quando a fofoca acontece, parece ser uma inocente troca de informações. Depois, ela fere e destrói. Seja o tipo de pessoa que se recusa a participar de fofoca. Talvez pareça estranho se afastar, mas você será conhecida como uma amiga confiável.

[1] **N. do E.:** Famosa rede de cafeteria, principalmente nos Estados Unidos.

FALE!

Amizade

DOWNLOAD:

Fiéis são as feridas feitas pelo que ama, mas os beijos do que aborrece são enganosos. Provérbios 27.6

Emily e Cely sabem que a amizade delas não é mais a mesma de antes. Hoje, essa amizade exige mais trabalho e mais atenção. Elas se importam o bastante para dedicar tempo à amizade, mas temem o que um pouco de pressão possa causar. Por isso, elas evitam conflito sempre que podem. Elas descobriram que uma amizade casual e despreocupada é muito mais fácil que o compromisso profundo que compartilharam um dia. Tornou-se comum evitar certos assuntos e dizer certas coisas. Esse subterfúgio é responsável por um bocado da simplicidade que alcançaram na oitava série, e elas gostam das coisas desse jeito. Elas recordam uma à outra os bons dias do passado.

Na última primavera, a vida de Cely tomou um rumo interessante que, pelo tempo que conseguiu, manteve escondido da família e de Emily. Ela serve mesas em um restaurante local e, aos poucos, começou a fazer parte do "cenário". O cenário do restaurante envolve todo o pessoal do atendimento que se reúne no apartamento de alguém após o expediente para relaxar. De início, os outros empregados não convidaram Cely a se juntar a eles por causa da idade dela. Todavia, com uma surpreendente maturidade perceptível, ela logo fez amigos e conquistou seu lugar no clube. A membresia no clube garante certos "direitos" — o direito de beber, de fumar maconha, de dormir fora de casa — e o de não participar de nada disso. Uma regra silenciosa estabelece que o que acontece fora do trabalho, permanece fora do trabalho, e os membros do grupo prometeram uns aos outros não falar a respeito do clube para ninguém que possa acabar com ele.

Cely exerce seu direito de não participar. Ela não gosta do sabor da bebida alcoólica. Ela acha que fumar maconha é algo estúpido, perigoso e ilegal. E se ela dormir fora de casa, os pais farão com que largue o emprego. Cely se delicia totalmente com a companhia e as risadas dos novos amigos, mesmo quando estão bêbados ou altos. Quase toda sexta-feira à noite, ela sai com seus companheiros de atendimento, e quase toda sexta-feira, alguém oferece a ela a chance de exercer seus "direitos".

HISTÓRIAS DE FÉ:

Seus amigos são aqueles que falam a verdade para você, mesmo quando ela dói.

Certa noite, um de seus colegas, bêbado, decide pôr à prova a recusa de Cely de se juntar à diversão. Ele quer, especificamente, saber por que ela não fuma maconha.

— Certo, Cely — começa Karl —, deixe-me entender direito. Você não bebe porque não gosta. Você não dorme fora porque teria problemas. Você não fuma baseado... por que mesmo?

— Sem ofensa, mas acho errado.

— Você acha errado ou comprou as mentiras que dizem?

— Qual é a diferença? — pergunta ela, divertida com o animado questionamento do amigo.

— Oh, faz toda diferença, minha jovem amiga. Faz toda a diferença.

Durante a hora que se seguiu, Cely ouve um convincente discurso sobre os benefícios do uso da maconha, sobre a justificação para sua legalização, os motivos por trás da recusa do governo em legalizar a substância e as conseqüências que isso tem sobre o povo e a economia.

Cely passa a maior parte da conversa curvada sobre o sofá, totalmente entretida e extasiada com a lógica convincente da argumentação de Karl. Na verdade, fica intrigada o bastante para, nas duas semanas seguintes, dedicar um pouco de seu tempo livre à pesquisa sobre maconha na Internet.

Em uma sexta-feira, algumas noites depois, Cely leu uma quantidade de material a favor da maconha suficiente para se envolver em outra conversa com Karl. Ela começa a se entusiasmar com a idéia, mas ainda tem algumas dúvidas. Afinal, tudo que leu *online* e escutou do amigo contradiz a opinião dos pais, da escola, da igreja e de Emily. Após outra longa hora de conversa, ela está pronta a admitir que o uso da maconha não é tão pernicioso como ela pensara de início.

— Quer dar uma tragada? — desafia Karl.

— Não, eu ainda não estou usando, mas concordo com seu ponto de vista e não acho errado você fumar — responde Cely, devolvendo o cigarro para o colega.

— Como quiser — fala Karl, dando outra tragada. — Sobra mais para mim.

Todos no círculo riem.

No decorrer das próximas semanas, Cely se vê em um número surpreendente de conversas sobre drogas. Talvez o tópico venha à tona com mais freqüência, ou Cely tenha alguma contribuição a fazer para a discussão. Certo dia, no almoço, Cely e Emily conversam um pouco sobre o assunto. Como logo percebem que o assunto pode ter um impacto negativo na amizade, mudam o rumo da conversa. Todavia, Emily afasta-se chocada e preocupada com Cely.

Emily pensa consigo mesma: *Por que Cely foi tão inflexível sobre os benefícios de fumar? Com certeza, ela não começou a ficar alta, certo? Pergunto-me se posso falar sobre isso com ela... Pensando bem, provavelmente, devo evitar o assunto. Tenho certeza de que ela não está fazendo isso.*

Não leva muito tempo para Cely passar de defensora a consumidora de maconha. Ela imagina que pode fortalecer sua argumentação com um pouco de experiência pessoal. Afinal, o conhecimento teórico não é superior à experiência. A recém-encontrada compreensão faz com que Cely discuta o assunto mais abertamente. Ela até inicia alguns debates, até mesmo um com Emily.

A discussão progride como a primeira, mas elas, em vez de parar, continuam com o assunto. Agora, ela parece falar com crescente ardor e familiaridade sobre o assunto, o que quer dizer que a pesquisa a convenceu mais ou está mais resoluta por causa da crescente necessidade de justificar o consumo pessoal. Emily escuta Cely discorrer enquanto discute consigo mesma se deve perguntar.

Perguntar fará com que Cely fique ofendida ou com que eu fique alarmada o bastante para fazer algo antes que ela se envolva mais nisso. O que devo fazer? Sou amiga dela, então, ou confio nela e deixo-a viver sua vida ou ajo?

A linha de raciocínio ininterrupta de Cely dá tempo suficiente para Emily meditar. Ela decide perguntar.

— Cely, posso fazer uma pergunta?

— Claro!

— Você está fumando?

— O que você acha? Claro que sim. Falo sobre o que acredito. Acho que fomos enganadas a vida toda e que nos negaram um dos simples prazeres da vida.

— Cely, sinto por ter que lhe dizer isso, mas você está errada.

Emily ora: *Senhor, falei a verdade para Cely em amor. Agora, deixo o assunto em suas mãos. Ajude-me a estar disponível sempre que ela precisar da minha ajuda para parar o que está fazendo.*

CONEXÃO DE FÉ:

Jesus, preciso do tipo de amigas que me amem o bastante para falar quando estou errada. Ajude-me a ser aberta ao que elas têm a dizer mesmo quando é difícil de ouvir. Dê-me a força de também falar com minhas amigas quando é preciso.

CONTROLE:

É difícil encontrar amigas de verdade. Pense, por um minuto, em suas amigas. Que tipo de amigas elas são para você? Que tipo de amiga você é para elas? Vocês são honestas e abertas umas com as outras? Vocês confiam e amam umas às outras o bastante para dizer coisas que ninguém mais está disposto a falar? Se sim, esse tipo de amizade é raro e extremamente importante. Cultive essas amigas. Se não, peça a Deus para que a ajude a transformar suas amizades ou para que traga novas amigas para sua vida. Por fim, se alguma de suas amigas estiver envolvida em alguma coisa que sabe ser errada ou perigosa, peça a Jesus para ajudá-la a dizer o que talvez seja a coisa mais difícil que teve de falar.

MAIS QUE ROUPAS

Modéstia

DOWNLOAD:

Rebeca também levantou os olhos, e viu a Isaque, e lançou-se do camelo, e disse ao servo: Quem é aquele varão que vem pelo campo ao nosso encontro? E o servo disse: Este é meu senhor. Então, tomou ela o véu e cobriu-se. Gênesis 24.64,65

O único problema de Rachel é decidir o que vestir. O armário de Piper está cheio de roupas da última moda, todas de marca e das melhores lojas. Rachel passou a noite na casa de Piper e nenhuma das roupas que trouxe são atraentes como as dela. Em virtude da insistência de Piper, Rachel pega emprestada uma saia de sarja e uma blusa rosa, justa e decotada, tipo frente única. Ela sabe que a mãe jamais a deixaria sair com uma roupa dessas. Ela olha seu reflexo no espelho de corpo inteiro e gosta do que vê. Todavia, uma parte sua sente-se desconfortável com a imagem projetada.

Rachel chega à escola apenas a tempo de encenar sua entrada no refeitório. Ela fala com algumas amigas e vai em direção às outras amigas do outro lado do refeitório. Ocasionalmente, olha em volta a fim de verificar se algum dos rapazes a acompanha com o olhar. E recebe alguns olhares interessados. Ela gosta da atenção, mas não está acostumada a isso. Ela sente várias vezes que fica corada.

Em grande parte, as aulas correm bem. Ela passa a maior parte dos intervalos com as amigas saboreando as últimas novidades. Todos parecem gostar de sua nova aparência. O terceiro período é torturante, pois Brad Ross, aluno do último ano e sua "paixonite", senta-se atrás dela. No almoço, alguns rapazes do time de futebol convidam Rachel e a amiga Piper para se sentar com eles. A maioria dos jogadores de futebol é legal. Mas Anthony Radcliff faz com que se sinta desconfortável com seus olhares de esguelha e suas insinuações. Entre o almoço e as aulas da tarde, ela e Piper param em seus armários exatamente quando Brad Ross e os amigos estão passando por lá.

— Estão bonitas, senhoritas. Estão bonitas. Hummm — comentam os amigos de Brad passando os olhos pelas garotas.

— Obrigada, rapazes! — responde Piper com uma sacudida de cabelo. Rachel cora quando seus olhos encontram os de Brad. Algumas garotas que estão próximas se afastam da cena e fingem pôr uma mordaça na boca. Mas Rachel e Piper são totalmente óbvias.

O quarto período é tranqüilo a não ser pelas contínuas interrupções sugestivas de Rob Schmidt. Rob tem fama de ser bem brincalhão. Rachel e Piper o acham atraente, mas irritante.

Depois da aula, Rachel e Piper continuam a conversa no corredor.

— Então, o que você acha? O Brad gosta de mim ou não? — pergunta Rachel no caminho para a sala de aula.

Antes que Piper possa responder, Rob coloca-se entre elas e interrompe:

— Acho que ele quer você. Todos os caras desta escola a querem, até mesmo eu.

— Em seus sonhos, Schmidt — retruca Piper.

— Como você sabe? — brinca Rob. Nesse meio tempo, Rachel apertou os livros próximo ao seu peito, abaixou a cabeça embaraçada e começou a andar mais depressa.

Quando o último sinal toca, Rachel corre até seu armário, esperando alcançar as amigas. Todas tentam caminhar juntas até os carros enquanto relatam os acontecimentos do dia. Ela, para sua surpresa, tem um visitante.

Brad está de pé em frente ao seu armário. Ela pode estar enganada, mas acha que ele está olhando direto para ela enquanto desce o corredor. Ele lança um sorriso conforme ela se aproxima. *Fique calma, Rachel. Fique calma. Queria que Piper estivesse aqui. Ela sabe como agir perto dos rapazes.*

HISTÓRIAS DE FÉ:

As pessoas chegam a conclusões sobre seu caráter pelas roupas que você usa.

— Oi, Brad!

— Oi, Rachel.

— Posso abrir meu armário?

— Claro — diz ele confiante,

deslizando para fora do caminho dela. — Então, Rachel — diz ele sedutoramente, colocando a mão sobre o laço da blusa que ela usava. — Você está "demais" hoje. Estava me perguntando se você estará ocupada sábado à noite.

À medida que Brad toca levemente sua face, Rachel gela. Está confusa. Tinha imaginado algo doce e romântico, mas, em vez disso, a abordagem parece agressiva e ofensiva.

— Rachel? — chama Brad, interrompendo seus pensamentos.

— Oh, certo, Brad. Será ótimo.

— Certo. Eu a pego às 19 horas — ele fala. Conforme se afasta, Brad olha por sobre os ombros para ver se ela ainda está olhando.

Do outro lado do corredor, as meninas, que ela ignorara antes, entram em foco. Elas parecem aborrecidas quando ela as pega virando a cabeça para ela. Uma delas sussurra alto para outra:

— Que menina fácil.

Rachel corre para o banheiro. Por entre as lágrimas, fixa sua imagem refletida no espelho. A moça que ela vê não é a que reconhece como si mesma. Ela mal consegue esperar para devolver as roupas de Piper.

CONEXÃO DE FÉ:

Jesus, ajude-me a ver meu corpo como seu templo. Quero apresentar seu templo de forma que glorifique ao Senhor e que honre quem o Senhor me criou para ser.

CONTROLE:

Uma das formas de honrar a Deus e a si mesma é se vestir com modéstia. Na verdade, o que você veste é uma questão espiritual profunda. Quando revela demais, você desiste de alguma coisa. É como se dissesse que se está à vista pode ser obtido. O fato é que os rapazes estão prontos a responder ao estímulo visual. Por isso, você tem de ser cuidadosa com a mensagem que quer passar com seu traje.

ESTE, ESSE OU AQUELE?

Prioridades e escolhas

DOWNLOAD:

Qual é o homem que teme ao Senhor? Ele o ensinará no caminho que deve escolher. Salmos 25.12

Casey, aluna do segundo ano do Ensino Médio, dezesseis anos, não está entusiasmada com a expectativa do verão. Ela precisa arrumar um trabalho para pagar o computador que comprou logo após seu aniversário. Os pais emprestaram o dinheiro para a compra com a condição de que trabalhasse no verão.

Por sua vez, Gina, melhor amiga de Casey e companheira do time de vôlei, mal pode esperar para que comece o verão. Ela precisa de férias após um ano estressante no conselho de alunos, o vôlei, o basquete, a trilha, a banda, a escola, a igreja e sua extensa agenda social.

Holly, a mais nova do grupo, sente a pressão para começar a escolher uma faculdade. Por isso, planeja passar o verão pesquisando as opções. O verão a entusiasma, porque quer tirar o peso da indecisão das costas. Se mais alguém lhe perguntar: "O que você vai fazer no ano que vem, depois de se formar?", ela vai enlouquecer.

— A não ser por Cecily Duff, não sei de ninguém que saiba o que fará depois de se formar — murmura Holly. — Mas também a Cecily sabia desde a quinta série o que queria fazer. Quem me dera eu também soubesse. Por que não consigo decidir?

Casey e Gina, ignorando a lengalenga da amiga, continuam sua conversa. Para elas, a faculdade seria apenas no próximo ano e têm assuntos mais prementes com que se preocupar.

— Neste momento, no que você está pensando em trabalhar? — pergunta Gina a Casey. — Você já se inscreveu em algum lugar?

— Humm, na verdade, não. Ainda estou indecisa sobre o que quero fazer. Poderia tentar um emprego na Old Navy por causa dos descontos, mas tenho medo de gastar todo meu dinheiro em vez de pagar meus pais. Lá tem sorveterias e a seção de lanchonetes. Meu pai me ofereceu um emprego na empresa dele para arquivar papéis, o que parece muito chato, mas o salário é bom. Depois, minha mãe falou-me sobre esse trabalho de conselheira em um acampamento de verão, o que parece muito legal, mas ficaria fora da cidade o verão todo.

— Bem, então, essa definitivamente não é uma opção — fala Gina. — Se eu estiver livre o verão todo, e você não estiver aqui, o que vou fazer com meu tempo livre? Essa simplesmente não é uma boa opção.

— Talvez deva passar um ano, ou dois, na Edgewood Community College e, só depois, decidir o que quero fazer — Holly continua a lengalenga, esquecida de que ninguém presta atenção a ela.

— Sim, eu sei. Realmente não gostaria de ficar fora durante o verão — forma-se uma discussão na mente de Casey. — Mas acho que seria divertido trabalhar com crianças o verão todo.

— De jeito nenhum, Casey. Não posso deixá-la fazer isso. Acho que você deveria ficar com o emprego do seu pai, por causa do dinheiro, ou com o do restaurante; assim posso comer de graça o verão todo.

— Será — continua Holly — que eles estão apenas tentando fazer contato? Talvez não esperem resposta. Talvez estejam falando apenas para quebrar o silêncio. Por outro lado, talvez se sintam obrigados. Hummm? — após uma breve pausa, ela pergunta às amigas. — O que vocês acham?

Elas a olham atônitas.

Holly desiste da sua lengalenga e entra na conversa.

— Na verdade, acho que a idéia do acampamento de verão parece divertida — aparentemente, ela as estivera ouvindo.

— Você acha? — pergunta Casey. — Também acho.

— Quem perguntou a você? — brinca Gina.

— Definitivamente — fala Holly. — Também não quero que você viaje o verão todo, mas essa é uma ótima oportunidade. Você passará o verão com uma porção de crianças legais. Pense na diferença que pode fazer na vida delas. E mais, você ainda é paga para isso e não terá a tentação de gastar saindo conosco. É uma proposta boa sob todos os aspectos.

HISTÓRIAS DE FÉ:

O que realmente valorizamos é revelado pelas escolhas que fazemos.

— Mas pense em todas as coisas que perderá — contrapõe Gina. — Passar tempo conosco. Ir ao lago. Refeições ao ar livre. Passeios até tarde da noite. Dormir em casa. — sem mais idéias, ela repete — Passar tempo conosco...

— Mas tenho de trabalhar — lembra-lhe Casey.

— Ainda sobra muito tempo para o trabalho — fala Gina.

— Sei que ficar aqui seria ótimo, mas acho que Holly está certa. Neste verão, passar meu tempo com essas crianças pode fazer uma enorme diferença na vida delas e, provavelmente, também na minha. Acho que vou me informar mais sobre o acampamento.

— Você é quem sabe — replica zangada Gilda, enquanto vão para as aulas seguintes.

Alguns dias, alguns telefonemas e algumas orações depois, Casey decide-se. Por algum motivo, ela sente que trabalhar no acampamento é o que Deus quer que ela faça.

— Acampamento de verão, aqui vou eu!

Falta fazer apenas duas coisas. Contar para as meninas e para o treinador de vôlei, o que seria mais fácil que contar para Gilda. Decide primeiro falar com o treinador Mallory.

— Bem, Casey, parece ser uma excelente oportunidade para você — começa o treinador Mallory depois de Casey gaguejar seu anúncio. — Mas tenho de acrescentar que estou um pouco desapontado e tenho certeza de que o time também ficará. Já que não estará aqui este verão, também não participará do acampamento de verão do vôlei. E devo ter isso em mente quando convocar o time, no outono. Talvez você esteja sacrificando seu lugar nesse time. Você tem certeza de que quer fazer isso?

O treinador Mallory pegou Casey desprevenida. Ela não pensara nessa hipótese. Ela achava que o treinador ficaria bem com a decisão dela. Os pensamentos corriam em sua mente, e o treinador percebe isso:

— Parece que você tem mais em que pensar do que imaginava. Pense um dia ou dois e, depois, fale comigo de novo — o treinador dá um tapinha no ombro dela e se afasta.

— Falei que ficar aqui é a melhor decisão — responde Gilda ao fim da recapitulação da conversa de Casey com o treinador. — Nem mesmo pensei em usar o vôlei em minha argumentação. Então, isso resolve tudo... certo?

A confiança dela torna-se incerteza à medida que percebe a resposta de Casey.

— Não sei. Tenho muito em que pensar. Não me entenda mal. Quero jogar no outono, mas sinto que essa coisa de acampamento de verão é o devo fazer neste momento. Preciso pensar se, realmente, isso vale sacrificar o vôlei.

CONEXÃO DE FÉ:

Jesus, há tantas formas como passar meu tempo, e tantas coisas e pessoas disputando meu tempo. Sei que não posso fazer tudo nem agradar a todos. Mostre-me o que o Senhor quer que eu faça e como posso agradá-lo.

CONTROLE:

Você já teve problema para tomar decisões ou para escolher suas prioridades? Você sabe que não pode fazer tudo, portanto, tem de escolher. É difícil escolher como usar o pouco tempo que tem, e é uma decisão extremamente importante. A forma como usa seu tempo ou como gasta seu dinheiro, revela o que é mais importante para você. Muitas pessoas valorizam a opinião dos outros, por isso, fazem o que pensam que essas pessoas querem que façam. Elas fundamentam suas prioridades na aceitação dos outros. Outras colocam o dinheiro, os esportes, a educação ou os relacionamentos em primeiro lugar. O que está em primeiro lugar na sua vida? Como isso influência suas decisões? Você já pensou no que Deus quer que você faça? Você já pensou em se concentrar nisso e em confiar em Deus para tudo o mais? Tente fazer isso! É a melhor maneira de viver.

O MAIOR MOTIVO DE RECLAMAÇÃO

Exemplo

DOWNLOAD:

Ninguém despreze a tua mocidade; mas sê o exemplo dos fiéis, na palavra, no trato, na caridade, no espírito, na fé, na pureza. 1 Timóteo 4.12

— Tudo bem, agora, todos entendem a concordância com o pronome precedente, certo? — pergunta a Sra. Thomas, professora de inglês da escola de Ensino Médio Central High School.

— Entendemos! Entendemos! — grita Zach Gibson, o palhaço da classe, provocando uma onda de riso e fazendo as cabeças virarem para trás.

— Obrigada por isso, Sr. Gibson — sorri a Sra. Thomas enquanto volta para sua mesa. — Temos tempo suficiente apenas para falar sobre o próximo trabalho de vocês. Antes de passá-lo, deixe-me dizer-lhes que espero melhora na escrita de vocês, em particular, nas áreas sobre as quais falamos na aula. Está claro?

— Entendemos! Entendemos! — grita Zach de novo. Essa segunda investida gera mais reação dos alunos e da professora.

— Sr. Gibson! Você já terminou? — a voz da Sra. Thomas é firme, seus olhos, porém, cintilam. Todos percebem que ela tenta segurar a risada.

— Sim, Sra. T. — diz Zach com um sorriso de orelha a orelha.

— Obrigada. Agora, classe, o próximo trabalho de vocês deve ser entregue daqui a uma semana, contando de hoje.

— Uma semana! — exclama a maioria da classe.

A Sra. Thomas não faz nenhuma pausa nem toma nenhum conhecimento da queixa. Ela apenas continua:

— O trabalho é uma redação sobre seu maior motivo de reclamação. Se não souberem o que é maior motivo de reclamação, usem o Sr. Gibson como exemplo — diz ela com um sorriso malicioso.

— Isso é golpe baixo — responde Zach com frustração.

— Quero que o trabalho tenha três folhas, margem não maior que 2,5 centímetros de cada lado, fonte Times New Roman tamanho 12 e espaço simples. Está claro? — ela olha direto para Billy Sands, que tentou usar margem de três centímetros de cada lado em seu último trabalho. — Se não houver mais perguntas, vocês estão dispensados.

Danielle Morris e Bobby Koffman saem juntos da sala de aula e se dirigem para o almoço.

— Qual é seu maior motivo de reclamação, Danielle?

— Além de você?

— Muito engraçado. Acho que mereço isso. Sério, qual é?

— Esse será o trabalho mais fácil que já escrevi. No momento em que a Sra. Thomas disse "motivo de reclamação", vi um retrato imenso da cara do meu irmão menor bem diante dos meus olhos — Danielle levanta as mãos para ilustrar.

— Você vai escrever sobre o pequeno David? Mas ele é tão fofo.

— Você não mora com ele.

— Ainda bem. Se não teria de morar com você também.

— Que seja — fala Danielle, dando um leve empurrão nele.

Mais tarde, naquela noite, Danielle começa a trabalhar em sua tarefa. Normalmente, ela adia a tarefa até a noite anterior à data marcada para a entrega. Todavia, dessa vez, ela só consegue pensar no trabalho. Lembrou-se de várias histórias que ilustram perfeitamente o que a aborrece em seu irmão mais novo. Danielle acha que deve transferir seus pensamentos para o papel antes que os esqueça.

David, surpreso com o repentino interesse da irmã mais velha pela lição de casa, entra no quarto de Danielle. Claro que sem bater à porta antes.

— Oi, Dani, o que você está fazendo? — pergunta ele, espiando por cima do ombro da irmã.

— O que parece que estou fazendo? — leva apenas três segundos para que sua irritação venha à tona.

— Escrevendo. Bah! Não sou estúpido. Quero saber sobre o que está escrevendo.

— Vou dar uma dica.

Imediatamente, o rosto de David, de oito anos, fica radiante.

— Você está escrevendo sobre mim?

— Sim, estou — sorri maliciosa Danielle enquanto aponta o irmão. A face de David está radiante, e ele dança em volta do quarto. Danielle aproveita o momento. — Minha professora de português, Sra. Thomas, mandou escrevermos um trabalho sobre nosso maior motivo de reclamação, e eu escolhi você.

O sorriso ansioso de David se apaga. Seus ombros caem, seu rosto se abaixa, e ele foge para seu quarto. Danielle suspira pesado e volta para seu trabalho.

HISTÓRIAS DE FÉ:

Você provavelmente influencia alguém, quer você ache que faz isso quer não. Alguém que está em busca de um modelo a seguir está observando você.

"Meu maior motivo de reclamação", escreve Danielle, "é meu irmão mais novo, David Isaiah Morris. Apesar de ter apenas oito anos, ele tem uma competência para irritar que ultrapassa sua idade. Nesses oito anos, ele tem refinado sua destreza com criatividade infindável e repetição sem-fim. David tornou-se um mestre na arte de irritar. Ele é um escultor da frustração, um artista do aborrecimento e um poeta da provocação".

Os dedos de Danielle deslizam pelo teclado. Ah, se ela conseguisse digitar depressa assim na aula de informática... Danielle não se considera uma escritora talentosa. Mas, nessa noite, à medida que digita, sabe que está se revelando. Ela cria sua obra de arte máxima, pois encontrou sua inspiração.

"A arte de David, como de todo gênio criativo, flui de sua inspiração. Sou o estímulo, o sujeito e a tela de David. Por meu intermédio, para mim e em mim, ele produz atos de irritação incomparáveis. Suas obras incluem: 'Entrar no quarto da minha irmã sem bater'; 'Quando os rapazes telefonam'; 'Seguir minha irmã em todos os lugares' e a mais popular: 'Posso ir junto?' Tentarei examinar e explicar cada uma dessas obras."

Danielle pára e, com orgulho, revê seu trabalho. Conforme sorri, ouve uma batida gentil à porta do quarto. Ela pensa: *O que ele quer agora?* Ouve outra batida.

— Entre logo — diz rispidamente e olha em direção à porta para ver a mãe entrando.

— Desculpe, mamãe. Pensei que você fosse meu monstrinho. Acho que você o chama de David.

— Danielle Jillian Morris — o nome completo sempre precede uma preleção.

— Ah, mãe, agora não. Estou no meio de um trabalho de redação.

— É sobre isso que vim falar com você — diz a mãe calmamente. —

Há apenas alguns minutos, ouvi seu irmãozinho chorando no quarto. Ele contou-me sobre seu trabalho.

— Bem, é verdade. Ele é meu maior motivo de reclamação. Você quer que eu minta? — pergunta Danielle tentando não rir de seu melhor argumento para namorar.

— Não, não quero que você minta. Quero que você pense em algo enquanto escreve — ela ignora a capenga tentativa de Danielle de transmitir que não quer ouvir o tem a dizer. — Você fará isso para mim?

Danielle, aproveitando a oportunidade para acabar rápido com a conversa e voltar a seu trabalho, responde que sim.

— Quero que, no seu trabalho, você tente responder a duas perguntas. Por que seu irmão faz todas as coisas que faz? Por que ele segue você, a imita e a interrompe?

— Mãe, essa é fácil — responde sem hesitação. — Ele é o gênio do crime enviado para me torturar.

— Querida — responde seriamente a mãe.

— É sério. Ele tem prazer com meu sofrimento.

— Você e eu sabemos que essa não é a resposta certa. Além disso, você sabe por que ele faz essas coisas. Você apenas não quer aceitar isso por causa do que isso representa para você.

Touché! Ela atinge o alvo. Ela deixa a verdade penetrar antes de continuar:

— Ele procura por você. Honestamente, nem mesmo eu sei por que. Eu a amo, mas quando se trata de seu irmão, sua atitude me choca. Vou embora agora. Boa sorte com seu trabalho.

A porta fecha-se suavemente atrás dela. Danielle fica sozinha com seus pensamentos e com as palavras na tela a sua frente.

CONEXÃO DE FÉ:

Jesus, ajude-me a ser um exemplo para os outros, como o Senhor o é para mim. Ajude-me a ser um exemplo que aponta os outros para o Senhor.

CONTROLE:

Você já pensou na influência que tem sobre os outros? Pense nas pessoas de sua família e em seus amigos, professores, treinadores, colegas, companheiros de time, vizinhos e colaboradores. Deus lhe dá uma oportunidade maravilhosa de ser um exemplo para cada um deles, quer jovens quer idosos. Da mesma forma que os outros modelam o caminho de Deus para você, você pode modelá-lo para os que a procuram. Assuma a responsabilidade pela influência que Deus lhe deu. Seja um exemplo para que outros venham a seguir Jesus.

A VIDA É BONITA DEMAIS

Sonhos

DOWNLOAD:

Deleita-te também no Senhor, e ele te concederá o que deseja o teu coração. Salmos 37.4

Na segunda sexta-feira após o início do ano escolar logo depois do almoço, Paige Brown encaminha-se para sua primeira reunião com o Sr. O'Connor. Paige é a terceira Brown a passar pelo escritório do Sr. O'Connor. Realmente, o orientador — cuja origem irlandesa, às vezes, evidencia-se em sua fala — ajudou seus irmãos mais velhos no processo de tomar a decisão. Os dois irmãos ingressaram em faculdades de renome. O irmão freqüentou a Dartmouth, a irmã foi agraciada com a Columbia. Paige tem orgulho dos dois, mas não quer seguir o caminho deles, e isso é quase tudo que sabe. Ela está animada para conversar com o Sr. O'Connor, embora apreensiva porque simplesmente não tem nem uma pista sobre seu futuro.

— Srta. Brown! — exclama o Sr. O'Connor por detrás de sua escrivaninha bagunçada. — É bom vê-la! Entre e sente-se. Como vai sua família?

— Eles vão bem, Sr. O'Connor. Em maio, Parker terminou sua graduação na Dartmouth. Agora, está inscrito para seu mestrado em aconselhamento em uma faculdade, a Boston College. Acho que ele está de olho no seu emprego.

O Sr. O'Connor ri alto.

— E Natasha ainda está na Columbia. Ela ama a faculdade! — continua Paige.

— Excelente. Fico contente em ouvir isso. Mais importante, estou contente por você estar aqui. Estava ansioso para conversar com você sobre seus planos. Como vão as coisas?

— Está tudo ótimo — mente Paige. Seus olhos examinam o chão como se procurasse um meio de fuga.

O Sr. O'Connor ajuda.

— Sei, Paige. Então, parece que você tem tudo planejado, hein? — ele cruza os braços e espera.

— Acho que quase tudo.

— Acho que quase tudo — repete o Sr. O'Connor com brusca zombaria. — Oh, isso soa muito tranqüilizador, Paige. Já que, pelo menos, temos uma hora juntos, agüente-me um pouco mais. Conte-me sobre esses seus planos — surge um sorriso astuto nos cantos de sua boca que espreita sob a barba cerrada.

— Bem, eles são meio complicados. Não quero desperdiçar seu tempo com uma longa explicação.

— Desperdiçar meu tempo? Bobagem. Sou pago para ouvir explicações complicadas — o Sr. O'Connor ri e faz uma pausa. — Deixe-me adivinhar — ele coloca um dedo na testa —, você ainda não tem planos porque ainda não tem idéia do que quer fazer. Ou talvez você saiba, mas não sabe como sua família reagirá. Estou certo?

Paige está boquiaberta. O Sr. O'Connor leu seus pensamentos como se fossem um livro aberto. Ela quer falar, mas espera para tentar encontrar as palavras certas.

A face do Sr. O'Connor abre-se em um sorriso.

— Paige, está tudo bem. Você, certamente, não é a única a passar por isso. A maioria dos alunos que se sentam nessa cadeira está tão confusa quanto você. E você, exatamente como eles, não está tão perdida como pensa — diz ele com uma piscada.

— O que o senhor quer dizer?

— Você não pensa nem um pouco sobre seus estudos e sua carreira?

— Claro que sim — replica Paige.

— Eu imaginei. E o que você pensou?

— Bem, minha mãe quer que eu faça medicina. Ela sempre quis ter um médico na família. Não que ela queira que seja médica pelo dinheiro, acho que ela quer consulta grátis! Ela é meio paranóica com doenças.

O Sr. O'Connor ri de novo.

— Meu pai, por sua vez, amaria que um de nós assumisse os negócios da família. Portanto, ele me pressiona para conseguir um MBA.* E claro, meus irmãos parecem recrutadores da Dartmouth e da Columbia. Eles não se importam com o que eu estude, contanto que seja na faculdade deles. Duas amigas minhas querem que vá com elas para a universidade em Massachusetts. O Sr. Wilson sugeriu que pensasse em engenharia, pois sou boa em cálculo e em Física — Paige respira fundo.

— Pare — interrompe o Sr. O'Connor levantando a mão. — Por mais bem intencionadas que sejam todas essas pessoas, não estou interessado no que acham que você deve fazer. Quero saber qual é o seu sonho.

— Honestamente, Sr. O'Connor, realmente não sei.

— Insegura ou relutante?

— O que o senhor quer dizer? — replica Paige, confusa com a pergunta.

HISTÓRIAS DE FÉ:

Seja qual for seu sonho, pense que Deus pode lhe ter dado esse sonho.

— Às vezes, estamos inseguros em relação ao que queremos fazer. Outras, relutamos em seguir nosso sonho, temos medo — medo de fracassar ou de desapontar os entes queridos por escutar o nosso coração, em vez de ouvir o deles. Paige, o que você precisa entender é que cada uma dessas pessoas, lá no fundo, quer que você seja feliz e faça algo de que gosta. A vida é bonita demais para que passemos boa parte de nosso tempo odiando-a. Diga-me, você está insegura ou relutante?

Paige sente-se desconfortável com o silêncio que se segue à pergunta do Sr. O'Connor.

— Relutante, acho. Quer dizer, não estou com medo de fracassar nem de desapontar as pessoas. Acho que, na verdade, tenho mais medo de as pessoas acharem ridículo. Preocupo-me, pois acho que as pessoas vão achar que sou insensata ou irresponsável. Isso faz sentido?

— Claro, isso faz sentido. Sua família valoriza a sensatez, e você acredita que seu sonho é um pouco imprudente. Faz parte da natureza do sonho ser um pouco temerário e irresponsável. Contudo, veja que não disse insensato. Devemos usar de sabedoria ao perseguir nossos sonhos. Acho que quando ignoramos nossos sonhos, alguma coisa em nós morre com eles. Paige, deixe-me perguntar: O que a faz se sentir viva?

Paige faz uma pausa, insegura se deve abrir seu coração. Ela toma fôlego:

— Sr. O'Connor, quero treinar golfinhos, e quero isso desde que tinha uns cinco anos.

No momento em que as palavras saíram de sua boca, Paige gostaria de poder engoli-las. Ela encolhe-se, meio que à espera de um acesso de riso por parte do orientador.

O Sr. O'Connor ri, mas Paige percebe que é de deleite, não de descrença.

— Sempre quis nadar com um golfinho. Quando você for treinadora de golfinhos, pode conseguir isso para mim?

— Definitivamente — responde ela com um sorriso. — Mas antes, para onde vou a fim de estudar golfinhos?

— Não tenho certeza, mas acho que você precisa pesquisar biologia marinha. Começaria pelo sul da Califórnia. Talvez em San Diego. É longe daqui, mas as praias são maravilhosas — o sorriso do Sr. O'Connor alarga-se, enquanto se encaminha para seu computador. — Vejamos aqui. Biologia marinha — murmura ele à medida que digita as palavras no *site* de busca. Paige pula para fora da cadeira a fim de olhar a tela com ele.

CONEXÃO DE FÉ:

Jesus, ajude-me a distinguir entre os meus sonhos para minha vida e os seus sonhos para mim. Se forem os mesmos, dê-me a coragem de segui-los.

CONTROLE:

Qual é o seu sonho? Você já pensou que Deus pode ter dado esse sonho a você? Se Ele deu, você terá a coragem de segui-lo? Muitas vezes, as pessoas abandonam um sonho de vida que faz sentido. Elas trocam o ideal pelo prático. Trocam a paixão pela segurança. Elas ouvem a voz da razão e das outras pessoas, em vez da de Deus. A vida é bonita e preciosa demais para que termine odiando-a ou lamentando-a. Comece a conhecer a Deus. Busque ao Senhor com todo seu coração e persiga o sonho que Ele pôs em seu íntimo. Seguir o sonho de sua vida será sua maior aventura.

* **N. do T.:** Mestrado em Administração de Empresas.

EM QUEM CONFIAR?

G r a v i d e z

DOWNLOAD:

Não me sejas por espanto; meu refúgio és tu no dia do mal.
Jeremias 17.17

Oh, Deus, por favor, não. Brittany roga silenciosamente enquanto coloca o teste de gravidez na pia.

Ela pensa: *Se der positivo, não sei o que farei. Meus pais me matarão. Jason vai pirar. Isso não pode estar acontecendo. Tenho apenas dezesseis anos.*

Nesse momento, ela abaixa o olhar e vê duas listras rosas. Ela agarra a caixa do teste e compara os resultados. Uma listra, nada de gravidez. Duas listras, gravidez.

Ela gela, não consegue respirar.

Sua cabeça roda. Isso não pode ser verdade. As palavras lampejam repetidas vezes em sua mente.

Toc, toc, toc.

— Brittany, você está pronta? Julie está aqui. Se você não se apressar, vão se atrasar para a escola — avisa sua mãe do outro lado da porta.

Ela agarra a mochila, enfia o teste dentro e abre a porta para ver o rosto preocupado da mãe.

— Você está bem? — pergunta a mãe. — Você não parece estar bem — diz colocando as costas da mão na testa de Brittany. Ela examina o rosto da filha.

— Estou bem, mamãe. Estou apenas cansada. Acho que fiquei até muito tarde estudando — fala Brittany, evitando o olhar da mãe.

Ao atravessar a cozinha, Brittany passa direto pela torrada que a mãe preparou para o café da manhã. A visão da torrada embrulha seu estômago.

— Você não vai tomar café da manhã? — pergunta a mãe, pois sabe que a filha nunca pula essa refeição.

— Não, como alguma coisa na escola — murmura Brittany, encaminhando-se para a porta da garagem. Ela teria chorado se não fosse o fato de que a mãe a faria confessar o que estava errado. Ela ainda não conseguia encarar a mãe... e não consegue nem imaginar o que acontecerá quando tiver de encarar o pai.

Brittany cumprimenta Julie. Esta examina a maquiagem e começa a caminhar rapidamente.

— O que está errado com você? Está com cara de morta — pergunta ela ao ver Brittany.

— Estou bem — responde Brittany.

Julie é uma de suas melhores amigas, mas ela não entenderia. Na verdade, Brittany não tem certeza se poderia contar. Apesar de as amigas serem companhias divertidas, a notícia da sua gravidez se espalharia, e essa é a última coisa que quer que aconteça.

Desesperada, ela pensa: *Oh, Deus, isso não pode estar acontecendo comigo*, olhando fixo para o horizonte enquanto vão para a escola.

O dia inteiro, Brittany tem dificuldade em se concentrar em qualquer coisa. Tudo está enevoado. No almoço, as amigas tentam conversar com ela, mas Brittany mal consegue ouvir o que dizem. Enquanto tenta comer a salada, ela pensa: *O que vou fazer?* O desespero e o medo deixam pouco espaço em seu estômago para qualquer outra coisa.

Ela vê Jason do outro lado da cafeteria, rindo com os amigos, totalmente despreocupado. Ela se pergunta: *Como ele reagirá?* Eles começaram a namorar há cinco meses, perto do dia de Ação de Graças. Brittany gostava dele há algum tempo. Por isso, quando a convidou para ir ao desfile do dia de Ação de Graças, ela ficou muito contente. Ele tem boa aparência, é esperto e divertido.

Desde o início, o relacionamento deles foi intenso. Eles não planejavam que as coisas fossem tão longe como foram. Mas deixaram que as emoções e os sentimentos assumissem o controle. Foi como um fogo que ela não pudesse deter, até ser muito tarde. Foi a primeira vez dos dois. Na época, ela achou aquilo tão romântico, parecia coisa de filme. Agora, enquanto o olha do outro lado da cafeteria, ela percebe que nunca deveriam ter ido tão longe. Eles não estavam preparados para o que pudesse acontecer.

Brittany sempre achava que a gravidez era algo que acontecia com as outras moças. Acontece com garotas sem valor que dormem com vários rapazes, não com uma aluna de dezesseis anos da lista de honra que planeja ir para a faculdade, que freqüenta a igreja aos domingos e tem pais que se preocupam com ela e que se envolvem em sua vida. Brittany sente que precisa de ar fresco e sai da cafeteria.

HISTÓRIAS DE FÉ:

Você pode confiar em Deus para tudo em sua vida — para qualquer decisão, erro ou sucesso. Abra o coração e conte-lhe tudo. Ele realmente quer saber.

Ela se arrasta pelo resto de suas aulas. No fim do dia, Jason a espera perto do armário.

— Oi, como está? — pergunta ele, inclinando-se para lhe dar um beijo. — Você ainda quer ir à festa do Joe no sábado à noite? Vai ser de arrasar. Os pais dele estão fora da cidade, você sabe — ele levanta e abaixa os olhos castanhos.

— Hum, acho que não posso — replica Brittany.

— Por que não? Na semana passada, você queria ir.

— Aconteceu uma coisa — diz calmamente Brittany.

— O quê? — pergunta ele, com olhar inquisitivo.

— Jason, precisamos conversar, mas não aqui. Você pode me levar para casa? Eu conto no caminho.

Antes de saírem da escola, Brittany conta a verdade para Jason e mostra o teste de gravidez. Ele olha fixo para o teste, sem dizer uma palavra, enquanto ela fala.

A seguir, ele pergunta calmamente:

— O que você vai fazer?

— O que você quer dizer, o que eu vou fazer? — pergunta incrédula.

— Você sabe o que quero dizer, Brittany — ele parece derrotado. — Não posso lidar com isso. Tenho apenas dezesseis anos. Não posso ter um filho nem ser pai.

Atônita, Brittany, de repente, descobre a verdade — verdade essa que a esteve corroendo o dia todo. Ela está sozinha. As lágrimas contidas sobem aos seus olhos. Ela ora: *Oh, Deus, por favor, ajude-me.*

A ida para casa foi tensa. Brittany quer apenas chegar logo. Esse era o fim para eles. Ela achou que ficaria mais chateada com o rompimento, mas, à luz da gravidez, o relacionamento parece fraco.

— Você não contou para ninguém da escola, contou? — pergunta Jason quando chegam à casa dela.

— Não.

— Bom. Não gostaria que isso se espalhasse — diz ele, parecendo aliviado.

— Jason, estou grávida — explica ela, perguntando-se em que universo alternativo ele pensa que vivem. — Não posso esconder isso para sempre.

— Você pode dar um jeito de fazer um aborto — sugere ele.

— Cale a boca, Jason! — ela grita. Ele não sugere uma solução para ela; tenta apenas salvar a própria pele. — Decidirei o que vou fazer. Você não pode lidar com isso, lembra? — com essas palavras, ela encerra a conversa e se afasta.

Ao abrir a porta de casa, Brittany sente o cheiro do pão de banana que a mãe está assando. É o lanche favorito de Brittany.

— Oi, querida — chama a mãe da cozinha. — Como você estava tão cansada essa manhã, trabalhei bastante e acho que teremos seus pratos preferidos para o jantar, frango e bolinhos e pão de banana de sobremesa.

Brittany pára na entrada da cozinha, olhando atentamente a mãe. De repente, ela desmonta, lágrimas descem por suas faces. A mãe corre até ela.

— Brittany, o que está acontecendo?

Brittany não consegue falar. Consegue apenas soluçar. Ela chora tanto que as pernas se dobram.

A mãe a segura.

— Querida, o que está acontecendo? Venha aqui e sente-se — fala a mãe, levando Brittany para uma cadeira. Ela ajoelha-se diante da filha, tentando desesperadamente entender o colapso de Brittany. — Querida, conte-me. Diga-me tudo. Prometo que daremos um jeito.

Brittany olha para a mãe.

— Mamãe, estou grávida — sussurra ela à espera da raiva e da condenação da mãe. Em vez disso, ao olhar os olhos da mãe, vê choque seguido de lágrimas.

A mãe, sem dizer nenhuma palavra, abraça Brittany, e elas choram juntas. Momentos depois, a mãe se recompõe.

— Não sei o que dizer, Brittany, a não ser que, com a ajuda de Deus, lidaremos com isso. Vamos orar sobre isso e falar com seu pai tão logo ele chegue em casa.

Brittany, aliviada com a reação da mãe, concorda e força um sorriso por entre as lágrimas.

CONEXÃO DE FÉ:

Jesus, o Senhor sabe tudo — meus atos, meus pensamentos, meus medos e minhas esperanças — antes de mim. Portanto, o Senhor já sabe que cometi um erro. Peço seu perdão e sua ajuda. Não sei o que fazer. Não sei em quem mais confiar além do Senhor. Mostre-me o que devo fazer e com quem devo conversar.

CONTROLE:

Você está em uma situação e não sabe a resposta para as perguntas que giram em sua mente? Você cometeu um erro e tem medo de que as pessoas a sua volta e Deus não a perdoem? A boa notícia é que Deus sempre a perdoa. Ele já sabe tudo que você fez — de bom e de ruim. Ele quer ajudar. Deixe-o ser um refúgio, um lugar seguro para você. Deixe-o ser aquEle a quem você recorre para tudo em sua vida. As pessoas estão dispostas e são capazes de ajudá-la. Peça orientação a Deus.

MAS ELE DISSE

Estupro

DOWNLOAD:

Mas, agora, assim diz o Senhor que te criou, ó Jacó, e que te formou, ó Israel: Não temas, porque eu te remi; chamei-te pelo teu nome; tu és meu. Isaías 43.1

Gina senta-se sozinha à mesa da cozinha. É manhã de sábado, por volta das 11 horas. Os pais saíram para jogar golfe e estavam na cama quando ela chegou em casa na noite anterior. Essa noite, Gina mal conseguiu dormir e parece cansada. Da xícara cheia de café entre suas mãos sai um leve vapor. Normalmente, ela não bebe café, mas o cheiro a lembra do pai. Por isso, ela preparou a bebida, pelo sentimento de conforto. Ela olha fixo para o fundo de sua xícara.

De repente, o telefone toca e a tira de seu transe.

— Alô — fala sem emoção.

— GINA! É Ashley. Estou indo aí agora mesmo. Quero saber tudo sobre ontem à noite. Portanto, não vá a lugar nenhum. Tchau.

Gina desliga o telefone, senta-se e fixa sua xícara de café ainda intocada. O encontro da noite anterior com Aaron repassa em sua mente. Imagens, perguntas e emoções inundam sua mente em um mar de confusão, dor, arrependimento, raiva e vergonha. Quinze minutos depois, ela olha fixo enquanto Ashley irrompe pela porta.

— Gina! — grita Ashley entusiasmada enquanto atravessa a sala correndo e entra na cozinha. Depois de meses de flerte e de longos telefonemas, os boatos dizem que, na última noite, Aaron e Gina, por fim, tornaram-se oficialmente um casal. Ashley mal pode esperar para saber tudo. No entanto, no momento em que olha para Gina, percebe que algo está terrivelmente errado.

— Gina, o que aconteceu? Você está bem? O encontro não foi agradável? — pergunta gentilmente Ashley enquanto escorrega para a cadeira ao lado da amiga e coloca a mão no ombro dela.

HISTÓRIAS DE FÉ:

Se você foi atacada sexualmente, peça ajuda; não tenha medo de falar.

Quando não recebe nenhuma resposta, ela abraça a amiga e espera pacientemente. As duas amigas de longa data e co-editoras do jornal da escola permanecem abraçadas em silêncio por um tempo. Aos poucos, Gina começa a chorar. Suavemente, de início. Não muito tempo depois, todo o corpo de Gina sacode com os soluços. Ashley, em todos os anos que conhece Gina, nunca a viu nesse estado. Ela começa a perceber que a noite passada foi mais que um encontro ruim.

Aaron era aluno do terceiro ano do Ensino Médio; Gina e Ashley, do segundo ano. No primeiro ano de Gina, Aaron se interessou por ela. Sabendo que os pais dela não a deixariam namorar antes dos dezesseis anos, ele começou apenas com telefonemas e conversas no corredor da escola. Há poucos meses, no décimo sexto aniversário dela, ele enviou flores para ela na escola. Logo ela e Aaron começaram a sair juntos com os amigos, em grupo, nos fins de semana.

Há três fins de semanas, embora Gina planejasse esperar até conversar sobre o relacionamento deles, eles se beijaram pela primeira vez. Na verdade, foi uma sessão de beijos muito quentes, mas Aaron emocionou Gina, e, na mente dela, ele não faria nada de errado. Nas semanas seguintes, o relacionamento deles tornou-se mais ousado. Após cada sessão de afagos calorosos, Gina, levemente arrependida, voltava à conversa sobre o relacionamento deles. Aaron evitava habilmente responder, em geral, beijando-a de novo.

No fim, Aaron entendeu (graças a uma pequena ajuda de Ashley) que Gina, por mais que gostasse do relacionamento deles, começava a sentir um pouco usada. Por isso, ele convidou-a para o primeiro encontro oficial deles. Ele planejou a noite toda, pegou-a em casa às 19 horas por causa da reserva para as 19h30min em um romântico restaurante italiano no bairro artístico. Eles comeram à luz de velas, e os músicos tocaram violino para eles. O chefe preparou uma refeição maravilhosa. Aaron disse a Gina que era uma refeição de princesa.

Depois do jantar, ele dirigiu até o promontório com vista panorâmica da cidade – o mesmo lugar em que se beijaram pela primeira vez. Ele levou velas, um aparelho de CD e um CD sugestivo, bem intenso, especialmente escolhido para a ocasião. Os dois dançaram sob a luz da lua e se beijaram apaixonadamente. Gina estava dominada pelo romantismo da cena. Antes que ela percebesse o que acontecia, eles mudaram da luz da lua para o banco de trás do carro. A atmosfera estava eletrizante, e logo as coisas ficaram mais intensas e ousadas.

Aaron pressionou firmemente seu corpo contra o dela, ignorando os pedidos de Gina para parar. Ela, diante das tentativas incessantes dele de tirar sua blusa, cedeu na esperança de que ele parasse por aí. Ela ficou imóvel sob a força dele. Ele não parou.

Ela pediu de novo. Ela tentou lutar, mas ele investiu com mais força. Então, ela parou e congelou no banco de trás, enquanto Aaron continuou a violentá-la. Ela estava com muito medo para lutar ou chorar. Ela queria que aquilo acabasse logo, e poucos minutos depois, acabou.

Aaron parou e beijou-a. Enquanto se vestia, ele, indiferente, começou a agradecê-la pela noite maravilhosa. Ele comentou como ela era bonita e como o fizera feliz. Ela recolheu suas roupas com dedos trêmulos, incapaz de falar.

Chorando, Gina conta tudo a Ashley.

– Sinto-me tão culpada. Não era isso que queria quando pensei em tornar as coisas oficiais. Por que será que sugeri isso? As coisas iam tão bem, e estraguei tudo. O que eu fiz?

– Gina, isso não é sua culpa – declara Ashley furiosa.

– Mas ele disse...

– Não me importo com o que ele disse. Ele a manipulou e se impôs a você. Ele tirou vantagem de você, das suas palavras e das suas emoções. Sinto tanto que ele tenha feito isso.

E, Ashley, calmamente, prossegue:

– Precisamos garantir que ele nunca mais faça isso a você ou a qualquer outra pessoa.

– Como vamos fazer isso? – pergunta Gina, chorando de novo.

– Temos de contar para seus pais o que aconteceu e, depois, ir ao hospital e à polícia – declara firmemente Ashley, mas cheia de compaixão.

– Não! Não! Não posso contar para os meus pais. Não posso contar para ninguém – Gina entra em pânico. – Sinto-me tão suja. Não quero que ninguém saiba. Por favor, Ashley, não conte a ninguém. Por favor. Quero apenas fingir que isso não passou de um pesadelo.

— Sinto muito, Gina. Eu a amo e não posso deixar que isso aconteça — Ashley abraça a amiga, já que ela continua a chorar, e sussurra:

— Vai ficar tudo bem. Vai ficar tudo bem.

CONEXÃO DE FÉ:

Jesus, estou aterrorizada de uma forma que não consigo expressar em palavras. Não acredito que isso aconteceu comigo. Estou tão confusa e com medo. Não sei o que fazer. Dê-me a força para falar e para procurar ajuda. Seja meu conforto, minha cura e minha redenção.

CONTROLE:

Se você foi violentada ou forçada a fazer algo contra a sua vontade. Por favor, não tenha medo de falar. Conte a alguém em quem confia, como um médico, uma autoridade ou um conselheiro. Lembre-se, quer tenha sido violada recentemente quer há muito tempo, Deus a ama. Ele vê sua dor. Ele a chama de sua, Ele a chama pelo nome. Ele pode redimi-la, curá-la, acabar com suas lágrimas e livrá-la de seu medo. Corra para Ele e para outras pessoas que possam ajudá-la.

A ILUSÃO DO CONTROLE

Distúrbios Alimentares

DOWNLOAD:

Porque a inclinação da carne é morte; mas a inclinação do Espírito é vida e paz. Romanos 8.6

Samantha Rodriguez amarra seu tênis para o primeiro dia de treino. Ao chegar à pista em sua roupa de ginástica azul, percebe que a equipe aumentou muito. Com acerto, ela atribui esse crescimento ao sucesso do último ano. Os Comets acabaram em segundo lugar no campeonato estadual, e Samantha teve um papel importante no desempenho da equipe apesar de ser novata. Ela é velocista, e sentiu o peso da expectativa como uma das poucas qualificadas no estadual. Também sentiu o peso do inverno — é tão difícil ficar em forma na estação em que sentimos muito frio. Com o início da estação para dali a seis semanas, não há tempo a desperdiçar.

O primeiro dia de treino sempre é difícil. O treinador Jones quer avaliar a forma da equipe a fim de saber o ritmo a estabelecer nos treinos. Depois de um longo tempo de alongamento e aquecimento, as velocistas se enfileiram para correr quinhentos metros rasos. Samantha junta-se ao primeiro grupo, posiciona-se e irrompe à frente ao som do apito. Havia oito meninas, e ela cruza a linha em terceiro lugar, acabando a prova depois de outra colega de equipe que está retornando e de uma novata.

Ela brinca sobre o longo inverno enquanto volta para a linha inicial. Apesar de parecer despreocupada, ela não está. A espichada de crescimento que teve no último ano afetou sua capacidade de corrida. Ela está mais vagarosa. É apenas o primeiro dia, mas ela sabe que ficar em forma será mais difícil que antes.

HISTÓRIAS DE FÉ:

Os distúrbios alimentares controlam você, não o contrário. Eles são sérios e representam um risco à vida. Não os minimize. Há ajuda disponível. Você pode se recuperar e readquirir o controle de sua vida.

Depois do treino, ela pede conselho ao treinador da equipe. Ele sugere uma dieta.

— Primeiro, corte o açúcar. Nada de refrigerantes. Reduza o consumo de calorias para cerca de 1.500 ao dia, o que a ajudará a perder algum grama extra e fornecerá energia suficiente para o treino. Lembre, temos seis semanas. Sua velocidade voltará à medida que treina. A dieta ajuda, mas o mais importante é se exercitar.

— Obrigada, Rick. Gostei muito dos conselhos — diz ela agradecida, segurando o panfleto que ele lhe deu.

Ela já tentou muitas dietas antes, mas nunca manteve nenhuma. A família de Samantha ama comer. Na casa dela, a comida facilita a celebração e a conversa, o que torna difícil fazer uma dieta.

Os hábitos alimentares da família a aborrecem, mas seu estilo de vida ativo e o corpo pré-adolescente evitaram que isso se tornasse um problema maior. Em geral, Samantha exercita-se o ano todo. No entanto, uma contusão no joelho, que exigiu uma injeção de esteróide, diminuiu seu ritmo. Além disso, seu corpo mudou consideravelmente ao longo do último ano e, a cada dia, ela parece mais uma jovem. Samantha é alta, esbelta, bonita, popular e muitíssimo motivada. Nesse momento, sua motivação é a corrida, e ela vê seu corpo como um obstáculo.

À tarde, Samantha passa várias horas na Internet pesquisando programas de dieta e aprendendo como contar calorias. Ela quer aprender o máximo que puder no menor tempo possível. Ela consegue vinte minutos livres a mais, comendo apenas metade do jantar em ritmo acelerado.

No dia seguinte, sua dieta está a pleno vapor. Ela prometeu a si mesma comer menos açúcar, o que representa dizer adeus a dois de seus melhores amigos: As duas barras favoritas de chocolate que comia por dia. Isso também quer dizer calcular conscientemente os alimentos a fim de determinar o valor calórico. Samantha completa os primeiros quatro dias de dieta com sucesso, consumindo uma média de 1.375 calorias por dia. Ela acha que comer um pouco menos que as 1.500 calorias recomendadas não faz mal. A balança concorda com ela.

O fim de semana é outra história. Ela acha muito mais fácil fazer dieta na escola que em casa. Nos dias de aula, raramente ela toma café da manhã por causa da pressa em se aprontar, mas, nos fins de semana, a mãe faz suas famosas panquecas doces. A maior parte das vezes, o almoço da escola é horrível, e a escola concede apenas 25 minutos para a refeição. Em casa, o almoço começa depois do café da manhã e termina com o jantar. Sua família adora petiscos. Felizmente, a maioria dos petiscos é saudável. Sexta-feira à noite, ela vai ao cinema com Tim Russel. Ele foi ao banheiro e voltou com pipoca, um pacote de confeitos de chocolate e um refrigerante grande para dividir com ela. Sábado à noite, suas amigas a raptam quando estão a caminho da sorveteria. Domingo à noite, Samantha senta-se em seu quarto a fim de calcular o custo das façanhas do fim de semana. A balança revela-lhe que o fim de semana foi ruim.

— Acho que posso compensar isso se cortar mais 200 calorias por dia esta semana — ela sente-se tão culpada em relação aos últimos dias que encontrar uma solução alivia seu arrependimento.

A semana seguinte, na escola, mostra-se mais difícil que a anterior. Essas 375 calorias extras fazem uma enorme diferença. Por volta de quinta-feira, ela mal tem energia suficiente para correr. Ela pensa: *Meu corpo está se ajustando. Na próxima semana estarei melhor. Tentarei controlar mais no fim de semana e comer melhor durante a semana.*

— Rodriguez! Venha aqui... Está se sentindo bem? — o treinador notou que ela está vagarosa.

— Sim, treinador. Estou apenas demorando um pouco para voltar à forma. Mas estarei pronta. Não se preocupe comigo.

— Certo, volte para lá.

Ótimo, o treinador percebeu como estou vagarosa. Isso é tão frustrante. Preciso perder peso.

No almoço de sexta-feira, as companheiras de equipe perguntam sobre sua falta de energia.

— Está tudo certo, Samantha? Notamos que você está um pouco devagar nos treinos.

Ela pensa: *O que elas querem dizer com "devagar"*, antes de responder jocosamente.

— Eu sei. Se continuar correndo desse jeito, vou ter que fazer arremesso de peso... — as amigas riem, e ela muda de assunto. — Alguém quer a carne do meu sanduíche?

Sábado à noite, em uma festa, pela primeira vez em duas semanas, Samantha se esquece da dieta. Tim também está na festa, e os dois passam a maior parte da noite conversando. Samantha gosta de Tim, e estar perto dele a deixa nervosa, o que a leva aos petiscos. Sem perceber, ela come salgadinhos a noite toda, tirando o sal com dois refrigerantes.

A caminho de casa, ela percebe o que fez e não consegue pensar em nada mais, nem mesmo quando as amigas perguntam sobre o tempo que passou com Tim. Samantha desliga-se de tudo enquanto tenta desesperadamente calcular o prejuízo. Apesar da balança não indicar nenhuma mudança, Samantha sabe que, na manhã seguinte, o peso aparecerá.

Domingo de manhã, ela conclui que precisa cortar, de novo, 800 calorias por dois dias para compensar a noite de sábado. Na quarta-feira, ela pode voltar às 1.375 calorias por dia. Pelo menos, até lá, ela tem resistência suficiente para os três dias de treino. Mas o treino de segunda-feira é péssimo, e o de terça-feira, ainda pior. Ela volta para casa deprimida e ansiosa. Na próxima semana, o treinador juntará as equipes de revezamento para que tenham bastante tempo para trabalhar a passagem de bastão antes do início da temporada. Nessa altura, ela não sabe se participará do revezamento e muito menos se terá um lugar na corrida individual.

Samantha reúne-se à família para o jantar. É aniversário de seu irmão caçula, e a mãe fez um banquete com todas as comidas favoritas dele. Ela se permite um tiquinho de cada coisa — o gosto é tão bom e faz com que se sinta melhor. Ela junta-se ao banquete da família e ri como não o fazia há semanas. A mãe reabastece o prato de Samantha, e ela come sem hesitação. Dez minutos depois, eles cantam, enquanto Eric assopra as velas do bolo de chocolate com cobertura. A Sra. Rodriguez corta uma fatia de bolo para cada um e acrescenta sorvete sobre a fatia. A alegria e a risada continuam.

Quando Samantha se deita em sua cama, a alegria que sentia se transforma em repentino e incontrolável pânico. Ela corre até a escrivaninha, lê rapidamente uns papéis e pega a calculadora. Ela olha para a tela. Pensa enervada: *Impossível. Comi realmente tudo isso? Não tenho como compensar isso. Tenho de comer amanhã. Preciso de energia para o treino ou jamais serei da equipe de revezamento.* Sua mente está a toda. Incapaz de se acalmar, ela anda em volta do quarto à procura de uma solução. De repente e impulsivamente, ela corre para o banheiro, cai de joelhos em frente ao vaso sanitário e enfia o dedo na garganta. Samantha vomita violentamente, com as mãos agarradas à beira do vaso sanitário.

Depois de lavar a boca e escovar os dentes, ela olha seu reflexo no espelho. Ela se pergunta: *O que estou fazendo?* O alívio que sentiu é diminuído pela percepção de que começa a trilhar um caminho perigoso. Ela se determina a ter uma conversa séria como o treinador no dia seguinte.

CONEXÃO DE FÉ:

Jesus, estou doente apesar de não achar que estou. Perdi o controle. A verdade é que quando olho no espelho, não consigo ver o que é real. Preciso de sua ajuda para procurar auxílio e para me ver da forma como o Senhor me vê.

CONTROLE:

Você restringe a ingestão de alimento sem necessidade? Você se exercita de forma compulsiva? Você é obcecada com magreza? Você está insatisfeita com seu corpo? Sua cultura propaga que essas coisas são totalmente normais e inofensivas? Por isso, você acha que não tem nenhum problema. No entanto, fazer dieta, exercitar-se demais e ficar obcecada com peso pode desenvolver rapidamente um distúrbio alimentar incontrolável e que põe a vida em risco. Os distúrbios alimentares mais comuns incluem anorexia (desnutrição auto-imposta) e bulimia (vômito induzido). Se você, ou alguém que conhece, luta com uma desordem de alimentação, tome uma atitude agora. Procure a Deus e também ajuda profissional. Sua vida é valiosa demais para que você corra o risco de morrer por causa de auto-imagem.

VELHAS AMIGAS

Testemunho

DOWNLOAD:

De sorte que somos embaixadores da parte de Cristo, como se Deus por nós rogasse. Rogamos-vos, pois, da parte de Cristo que vos reconcilieis com Deus. 2 Coríntios 5.20

Tudo mudou quando Mila Martin encontrou a Deus.

Na escola, logo se espalhou a notícia de sua decisão.

— Você soube da Mila?

— Ouvi dizer que ela se tornou totalmente religiosa ou algo assim. É verdade?

— Isso mesmo.

— Eu bem que queria saber por que não a via mais nos fins de semana.

— Nunca pensei que Mila Martin encontraria a Deus.

— Nem eu.

A transformação do coração de Mila a fez abandonar totalmente sua vida antiga. As férias de verão propiciaram o meio de fazer isso. Uma vez que não estava mais participando das festas, Mila raramente encontrava as amigas. O grupo de jovens da igreja que freqüentava se tornou seu novo grupo social. É uma cultura diferente. Suas amigas da igreja falam uma língua diferente. Elas escutam suas músicas e estabelecem um novo padrão para os filmes, os programas de televisão e a forma de se vestir. O mundo que Mila conhecia e esse novo universo são diferentes de todas as maneiras imagináveis — até mesmo as brincadeiras são distintas. Mila entregou-se a essa nova sociedade.

O ano letivo seguinte se inicia com saudações e perguntas.

— Mila, o que aconteceu? Onde você esteve o verão todo? Sentimos saudades suas.

Hesitante, ela se questiona: *Como respondo? Senti saudades delas, mas não da vida que levam.*

— Passei todo o verão na igreja, mas também senti saudades suas. Como foi seu verão? — torna-se a resposta padrão dela.

Ocasionalmente, sua tentativa de se afastar do passado e de tudo relacionado a ele falha. É impossível escapar completamente do passado. Ela escuta conversas sem querer e, acidentalmente, vê-se envolvida em outras. Mila ainda não sabe como reagir. A última coisa que quer é se envolver e transmitir, inconscientemente, a mensagem de que aprova o comportamento delas. Em geral, ela congela. Sua linguagem corporal transmite uma tensão que todos podem sentir. Várias vezes, ela já tentou, sem sucesso, introduzir Deus na conversa com as amigas. No fim, ela optou por se afastar.

Estranhamente, é Lara, sempre considerada irresponsável, quem parece entender melhor. E Amanda, a melhor amiga de Mila, é a mais dura com suas tentativas de testemunho.

— Estou cansada de sentir como se tivesse de ter cuidado com minhas palavras quando ela está por perto — desabafa Amanda com um grupo de amigas no sábado à noite. — É ridículo. No ano passado, ela estava aqui, bebendo com a gente. Agora, tudo que ela faz é fazer com que me sinta culpada por isso. Na última quinta-feira, ela teve a coragem de tentar falar de Deus comigo. Ela sabe como me sinto em relação a isso e tentou assim mesmo. Isso me deixa doente de raiva.

— Estou com você — junta-se Mary. — Outro dia, planejávamos o que faríamos à noite. Ela se aproximou, cumprimentou-nos e perguntou o que estávamos fazendo. Então, contei a ela. Ela apenas ficou lá, parada, olhando para os pés. O que ela queria que eu fizesse? Que mentisse? Espera! Também não devo fazer isso — todas riram.

— Deixei de me importar — acrescenta Gail. — Sério, deixa ela se afastar. Não me importo mais. Não vou deixar de ser como sou apenas por que ela encontrou Jesus. Se ela se aproximar da minha mesa enquanto estiver conversando sobre uma festa com o Nick, ou o que for, continuarei a conversa.

O grupo olha para Lara, à espera de que ela se junte às queixas contra Mila. Todavia, ela não diz nada, e as outras continuam.

A discussão do grupo continua por mais de uma hora conforme outras se juntam para compartilhar histórias sobre o contato delas com Mia e suas amigas da igreja. No fim da noite, todas ferviam de raiva — e a ira de Amanda era a mais aparente.

HISTÓRIAS DE FÉ:

Jesus pôs a reputação dEle em você. A forma como você vive fornece às pessoas um retrato de como pensarão que Deus é. Por isso, leve uma vida de amor.

Na semana seguinte, na escola, Amanda fala com Mila. No almoço, Mila senta-se em uma mesa próxima da de Amanda. Esta, sentindo uma oportunidade para deixar claro seu ponto de vista, começa a falar em voz alta sobre a festa do último fim de semana. Ela continua por um tempo, olhando de vez em quando para Mila e monitorando as reações da amiga. Quanto mais ela fala, mais aumenta o tom de voz e mais usa palavras impróprias. A intenção de Amanda está óbvia para todas, até mesmo para Mila. Quando ela se levanta para sair, Amanda dispara:

— Oi, Mila! Aonde você vai? Qual é o problema? Disse alguma coisa que a incomodou?

Mila pára.

— Vamos, Amanda — diz ela, esperando acalmar a situação.

— Não, vamos você — grita Amanda, levantando-se. — Estou cansada de você se retirar como se fosse boa demais para nós e de nos deixar com o sentimento de culpa por isso. Há um ano, você era minha amiga, e fazíamos tudo isso juntas. Você foi embora, encontrou Deus e, agora, acha que é melhor que nós. Você não é nada além de uma pessoa arrogante, julgadora e hipócrita. Saia da minha frente com toda a sua baboseira religiosa.

Amanda sai pisando firme, e Mila fica parada ali, muda. Ela jamais imaginara uma cena dessas e, muito menos, pretendera que isso acontecesse. Ela não quer julgar ninguém, apenas tenta viver da forma que Deus quer que viva. Ela tinha medo de que as velhas amigas a atraíssem para a vida que levava antes de se converter.

Lara levanta-se e caminha em direção a Mila.

— Ei, não se preocupe demais com Amanda. Ela supera isso.

— Bem, eu me comporto como se me achasse boa demais para minhas antigas amigas?

— Talvez um pouquinho — diz Lara. — Olhe, percebo que você mudou, mas talvez precise desencanar um pouco e apenas deixar as pessoas serem como são, em vez de ficar estranha quando elas falam de suas vidas — e Tara dá um rápido abraço em Mila. — Afinal, até mesmo Jesus andava com os pecadores.

Mia ri deliciada com o que ouve de Lara.
— Sim, talvez você esteja certa.
— Viu? Tudo vai ficar bem — Lara também ri.

CONEXÃO DE FÉ:

Jesus, obrigada por acertar as coisas entre o Senhor e mim. Obrigada por confiar a mim sua mensagem de reconciliação. Mostre-me como viver para representá-lo melhor diante do mundo e me perdoe pelos momentos em que não faço isso. Por favor, envie seu Espírito para me capacitar.

CONTROLE:

Quando Jeesus ascendeu ao céu, em um movimento radical, confiou sua mensagem a seus seguidores. Se você é uma de suas seguidoras, Ele lhe deu o poder de viver como representante dEle na Terra. Se você afirma sua filiação com Ele, os outros observam sua vida e decidem a respeito de Deus com base no que vêem. Felizmente, Jesus não nos deixou sozinhas. Ele enviou seu Espírito para nos capacitar a representá-lo bem. Em seus ensinamentos, Jesus deixa claro que a melhor forma de estender a reputação dEle é em uma vida de amor. Ele viveu no meio das pessoas comuns de sua época e deixou sua luz brilhar sobre todas elas. Muitas vezes, as pessoas pensam que Jesus está contra elas por causa das atitudes dos cristãos. Se isso aconteceu com você, saiba que Jesus a ama e quer desesperadamente ter um relacionamento com você. Por favor, não deixe que os atos dos outros a impeçam de vivenciar o amor de Cristo por você. Se você não representou a Jesus de forma amorosa, quer de forma intencional quer não, humilhe-se e peça perdão a essas pessoas.

VOCÊ E EU SOMOS PESSOAS

Igreja

DOWNLOAD:

[...] mas Deus assim formou o corpo [...] para que não haja divisão no corpo, mas, antes, tenham os membros igual cuidado uns dos outros. De maneira que, se um membro padece, todos os membros padecem com ele; e, se um membro é honrado, todos os membros se regozijam com ele. Ora, vós sois o corpo de Cristo e seus membros em particular. 1 Coríntios 12.24-27

Muitas vezes aos sábados à noite, Grace encontra um grupo das amigas da igreja na praça de alimentação do shopping. Nesse sábado, ela chegou mais cedo, pois é sua vez de reservar a mesa. Quarta-feira à noite, depois da reunião de jovens, todas combinaram o horário. Enquanto espera pelas outras, ela vê Lacey com sua amiga Vitória. Grace conheceu Vitória há três meses, quando Lacey levou-a à igreja. Ela não via Lacey desde essa época.

— Oi, meninas — fala Grace, chamando a atenção delas. — Como vocês estão?

— Oi, Grace. Como vai você? — responde Lacey, virando-se para Grace. As duas trocam um abraço. — Você se lembra da Vitória, certo?

— Claro que sim. Bom ver você de novo — responde Grace.

— Igualmente — diz Vitória. Ela percebe que Grace quer conversar com Lacey e então se afasta discretamente. Nesse momento, o movimento no local começa a aumentar.

— Como vai você? Faz um tempão que não a vejo — começa Grace.

— Vou bem. As coisas andam agitadas na escola, e tenho trabalhado muito. Você sabe como é.

— Imaginei quando não a vi na igreja nem no grupo de jovens.

— Sim — fala Lacey meio nervosa enquanto olha em volta e, a seguir, para os pés.

Grace sabe que há mais motivos para a ausência de Lacey além do excesso de trabalho. Ela se pergunta se deve investigar um pouco mais. Como não tem certeza de quando terá outra oportunidade, ela decide pesquisar mais a fundo a questão.

— Certo, Lacey. Posso não ser tão esperta quanto você, mas também não sou idiota. O que está acontecendo de verdade? — pergunta Grace.

Lacey dá um sorriso incerto e, a seguir, ri de forma nervosa. Por fim, ela fala:

HISTÓRIAS DE FÉ:

Seja quem você quer que a igreja seja.

— Sinceramente?

— Sem dúvida. Quero que você seja direta comigo — retruca Grace.

— Com toda sinceridade. Deixei de ir à igreja e não pretendo voltar.

— De verdade? — responde Grace, chocada. — Por quê?

— Bem, você se lembra de quando levei Vitória à igreja comigo. Depois, perguntei a ela o que achou, e conversamos um bocado sobre o assunto. A conversa mudou realmente minha opinião quando enxerguei a igreja da perspectiva de alguém de fora.

— O que ela disse? — inquire Grace.

— Para começar, Vitória freqüenta o colégio Eisenhower com um bando de jovens do grupo jovem. Vitória tem má reputação e sabe que cometeu erros. Ficamos amigas por intermédio do trabalho. De qualquer jeito, ela demonstrou interesse em ir à igreja comigo. Assim, como um primeiro passo para fazer algumas mudanças em sua vida. No momento em que chegamos à igreja, as outras alunas do Eisenhower a encararam e começaram a cochichar. Nenhuma delas a cumprimentou. Na verdade, acho que você foi a única que realmente se apresentou a ela.

— Sério? — fala Grace, esperando que isso não seja verdade.

— E pior ainda. Quando o culto estava para terminar, os olhares e cochichos se espalharam do grupo da Eisenhower para praticamente todas as outras pessoas. Sem nenhum motivo, elas expuseram os "podres" dela. Mais tarde, quando ela mencionou isso, eu não sabia o que dizer. Tínhamos conversado algumas vezes sobre o amor e a graça de

Deus. Acho que ela começava a se abrir para Deus e, portanto, foi à igreja comigo. A partir daquele momento, decidi que não quero nada com a igreja; pelo menos, não com aquela igreja. Todas, a não ser talvez você, são tão julgadoras, hipócritas e facciosas. Detesto isso.

— Sinto muito que isso tenha acontecido — fala Grace. — Mas sei como você se sente.

— Você sabe? — espanta-se Lacey.

— Há um ano, ou algo assim, uma amiga minha teve uma experiência semelhante.

— Então por que você ainda vai à igreja? — desafia asperamente Lacey.

— Na verdade, estava para deixar a igreja. Mas me senti mal em sair sem falar com o pastor James. Eu o respeito de verdade. Ele ajudou-me durante um momento difícil da minha vida, portanto, achei que pelo menos devia uma explicação a ele. Um dia, depois da escola, nós nos encontramos na lanchonete. Contei a história da minha amiga e informei a ele minha decisão.

— O que ele disse? — pergunta Lacey, concentrada.

— Antes de tudo, ele disse que eu estava julgando as pessoas que acusava de serem julgadoras. Depois, ele explicou que a igreja não tem nada a ver com prédios e cultos. A igreja é formada por pessoas, e você e eu somos pessoas. Além disso, tenho de me transformar no que quero que a igreja seja.

— Sabe, na verdade, isso faz bastante sentido — replica Lacey com hesitação.

— Também acho. Aí, o pastor James começou a me fazer perguntas sobre como achava que a igreja deveria ser. Claro que, antes de eu acabar, ele perguntou se eu estava fazendo aquelas coisas. Não tive de pensar muito para perceber que além de não estar fazendo a minha parte, também não estava estabelecendo um exemplo para alguém seguir.

— Não acredito que nunca pensei nisso desse ponto de vista antes — declara Lacey.

— Nem eu. Aquela conversa mudou toda a minha maneira de ver a igreja. Costumava ir à igreja por razões puramente egoístas. Aí percebi que, como cristã, tenho a responsabilidade de contribuir da forma que puder. Mesmo que tudo que faça seja saudar um visitante e indicar onde fica o banheiro para ele ou para ela. Isso faz sentido?

— Na verdade, faz. Honestamente, nunca antes vi a experiência da Vitória como um problema meu. Acho que é mais fácil culpar as outras pessoas do que se tornar uma parte da solução.

— Então, quem sabe, qualquer hora eu a veja de novo?

— Talvez — responde Lacey com uma piscada conspiratória enquanto as duas se abraçam. — Obrigada pela conversa. Divirta-se!

— Você também.

CONEXÃO DE FÉ:

Jesus, obrigada por me trazer para sua família. Obrigada, por me colocar em contato com uma comunidade de irmãos crentes e de me permitir expressar seu amor pelos outros. Ajude-me a ser uma participante ativa, em vez de uma pessoa passiva que só se queixa. Ajude-me a me tornar um reflexo do Senhor na minha família da igreja.

CONTROLE:

Muitas vezes, as pessoas pensam na igreja apenas como um prédio. Mas as pessoas são a igreja. Você é a igreja. A igreja é apenas a reunião do povo de Deus — a família dEle. Um escritor comparou a igreja ao corpo humano. Tudo é interligado e interdependente. Cada pessoa tem um papel, e todo papel é importante. Que papel você pode ter? Você está cumprindo seu papel? Você serve ativamente em sua comunidade de fé local, ou está lá apenas para se entreter?

Toda comunidade de fé tem coisas que faz bem e outras em que tenta melhorar. A questão é: Como você passa seu tempo? Você conversa sobre o problema ou está se tornando uma parte da solução?

Se você não está envolvida em uma comunidade local de crentes, dê o primeiro passo para se envolver. A fé não é para ser vivida sozinha; ela é designada para ser vivida em comunidade com outros seguidores. Você precisa deles, e eles, de você.

AULA SOBRE CULTURA

Mídia

DOWNLOAD:

Portanto, vede prudentemente como andais, não como néscios, mas como sábios, remindo o tempo, porquanto os dias são maus. Pelo que não sejais insensatos, mas entendei qual seja a vontade do Senhor. Efésios 5.15-17

Na segunda-feira, os alunos conversam com entusiasmo enquanto, em fila, entram na aula de História, do Sr. Foster, e encontram as palavras "Cultura *Pop*" rabiscadas no quadro negro. Assim, começam cinco dias divertidos de conversas, em classe, sobre filmes, música, televisão, esportes, propaganda e livros cômicos. A aventura educacional começa com os alunos compartilhando os filmes, as bandas e as propagandas de que mais gostam. A principal pergunta passa a ser: "Por que é seu favorito?", e: "Qual é a mensagem central?"

— Jeff, por que você gosta tanto do *Homem Aranha*? E, por favor, não diga que é por causa da atriz principal — pergunta o Sr. Foster olhando para o sorridente garoto, cujas respostas são muito limitadas.

— Não sei. Nunca pensei muito sobre isso.

— Exatamente. Nós, como norte-americanos, não pensamos. Não testamos. Não examinamos. Aceitamos passivamente, sem questionar qualquer entretenimento. Gastamos milhões em dinheiro e em tempo com filmes, revistas e músicas que, na verdade, não entendemos. Nossa única justificativa para o gasto é que gostamos disso ou que é divertido. Se pensarem nisso por um segundo, perceberão que, na verdade, isso é um absurdo.

Na aula do dia seguinte, após uma breve fala sobre conteúdo de análise, o Sr. Foster divide a classe em grupos de três. A tarefa dos grupos é analisar, de memória, a mensagem de uma peça de cultura *pop* específica que trate de raça, etnia, gênero, família, sexualidade e nacionalismo.

— Por exemplo — diz ele —, o que o filme *American Pie: A Primeira Vez é Inesquecível* transmite sobre a sexualidade da juventude norte-americana? — a maioria da classe ri à menção ao filme. — É óbvio que o filme transmite que a sexualidade do jovem é despreocupada e divertida. Infelizmente, a experiência sexual de muitos jovens é dolorosa e confusa — a classe pára de rir com esse comentário.

Vinte minutos depois, os grupos apresentam suas conclusões. No filme *Charlie e a Fábrica de Chocolate*, um grupo percebeu uma quantidade incrível de mensagens que examinam os perigos do excesso de indulgência para o poder de cura do perdão. O grupo de Jeff transmitiu as percepções de racismo que descobriram nos filmes de *Harry Potter*. Um grupo de três moças questiona se os programas de televisão que assistem, como *The O.C. – Um Estranho no Paraíso*, transmitem sutis imagens negativas de pais e adultos. Kale e os amigos discutiram os chamados *Reality Shows* da televisão e decidiram que não são totalmente reais, uma vez que as transmissões são editadas. Os dois últimos grupos examinaram mais de perto as músicas entranhadas em sua mente. Conforme escreveram as letras, perceberam como as canções promovem a atividade sexual entre os adolescentes.

Na aula de quarta-feira, o Sr. Foster ensina a história da cultura *pop*. Ele discute, especificamente, a mudança da opinião pública sobre raça, etnia, gênero, família, sexualidade e nacionalismo. Ele ilustra, de forma magistral as transições com a utilização de uma grande variedade de livros, filmes, programas e músicas bem conhecidas e ainda mais coisas. Esse é um daqueles raros momentos em que os alunos ficam presos a cada palavra do professor.

— Tendo em mente tudo que aprendemos, a mídia guia a cultura *pop* ou é guiada por ela? Em outras palavras, os filmes, as músicas, os programas de televisão e as outras formas de mídia influenciam a cultura ou são influenciadas por ela? — pergunta o Sr. Foster.

— Acho que a mídia segue a cultura — responde Holly de cara.

— Eu também — concorda sua amiga, Kate.

Cai um silêncio momentâneo enquanto o resto da classe pensa no assunto.

— Kale, o que você acha? — pergunta o Sr. Foster.

— Definitivamente a mídia segue a cultura. Sem dúvida.

Aos poucos, quase toda a classe concorda com o ponto de vista deles.

— Está certo. Por que vocês acham que isso é verdade?

— Bem, Sr. Foster, pegue a questão do gênero de que o senhor falou ontem. O senhor mencionou a mudança de papéis dos homens e das mulheres na sociedade, certo? — Holly espera confirmação antes de continuar.

— Sim.

— Bem, lembro-me de algumas mães que trabalhavam fora de casa antes de ter visto isso na televisão, incluindo minha mãe. Por isso, não achei estranho quando vi isso na televisão. Já tinha vivenciado isso, já era uma coisa normal para mim.

— Certo. Alguém mais tem uma explicação?

— Não, gostamos da explicação da Holly — declara Kale.

— Vocês sabem que estão apresentando um argumento baseado apenas na experiência pessoal, certo? Vocês pensaram que outras formas de mídia, que não a televisão, podem ser as causadoras da mudança nos papéis dos gêneros? Vocês pensaram no que afetou suas famílias e fez com que suas mães quisessem ou precisassem trabalhar fora de casa?

Mais uma vez, a classe fica em silêncio. O Sr. Foster sorri antes de fazer a pergunta seguinte.

— Para a finalidade de discussão, vamos seguir a orientação da Holly e tornar a questão mais pessoal. Vocês, pessoalmente, guiam a mídia ou a seguem? Em outras palavras, vocês são influenciados pelo que vêem e ouvem, ou as coisas que vêem e ouvem simplesmente traduzem em palavras a realidade de vocês?

— Se temos de escolher uma coisa ou outra, é a segunda opção — responde Jeff. — Há vezes em que uma música, um filme ou alguma outra coisa de fato transmite o que vivencio pessoalmente. Diria que, na maioria das vezes, a mídia nem influencia a minha vida nem se relaciona com ela.

— Nem uma coisa nem outra? Classe, vocês concordam com a afirmação de Jeff?

A maioria da classe concorda.

— São apenas alguns filmes e algumas músicas, Sr. Foster — acrescenta Kale.

— Obrigado, Kale, pelo lembrete — replica o Sr. Foster de forma jocosa. Ele continua. — Começava a pensar que, na verdade, os filmes e músicas continham idéias sobre a vida e o mundo, mas obrigado por me esclarecerem — a classe ri como uma tentativa de demonstrar compreensão.

— Deixe-me fazer outra pergunta. Os amigos influenciam vocês?

— Sim — concorda em uníssono a classe.

HISTÓRIAS DE FÉ:

O que você vê e ouve influencia a forma como pensa e, portanto, isso afeta quem você é.

— Certo. Deixe-me apresentar um cenário, e vocês me dizem se ele está correto. Imaginemos que, por alguma razão, vocês estão frustrados comigo. Digamos que dei uma nota imerecidamente ruim para alguém. Em sua frustração, você desabafa com seu melhor amigo. Suas palavras a meu respeito influenciam a opinião dele sobre mim, certo?

— Certo.

— Agora, digamos que esse amigo já se sentia frustrado comigo. A união da frustração de vocês dois poderia levá-los a sentir raiva e a querer se vingar de mim?

— Sim, isso acontece o tempo todo — responde Jeff.

— Bom. Agora, imaginemos que, por algum motivo ou sem qualquer motivo aparente, você está furioso com seus pais. Você corre para o quarto, bate a porta e liga seu aparelho de som. Começa a ouvir uma banda de *heavy metal* cujas letras se relacionam com o que está sentindo por seus pais. Isso afeta você? Essa música age da mesma forma que seus amigos, ou aprofunda mais e mais o que sentia antes?

Ninguém responde. O Sr. Foster deixa a pergunta ser absorvida e, a seguir, conclui.

— Gostamos de acreditar que a mídia não nos influencia de forma alguma. Principalmente, por que não queremos admitir que alguma coisa possa nos influenciar sem nossa permissão. Vivemos com um falso senso de controle e gostamos dessa ilusão. Quando dizemos que é "apenas um filme", "apenas uma música", ou "apenas alguma coisa" perpetuamos essa falsa realidade. Minimizamos as coisas para justificar nossa participação nelas e, na verdade, permitimos que essas coisas exerçam uma influência ainda maior sobre nós. Nossa falta de humildade ou nossa incapacidade em reconhecer que a mídia nos influencia, leva-nos à aceitação pacífica de tudo. Apenas apreendemos tudo sem sequer pensar sobre o que fala ou como nos influencia. Felizmente, no final desta semana, vocês se tornarão muito mais honestos com vocês mesmos e muito mais críticos, analíticos em relação a todas as formas de mídia.

CONEXÃO DE FÉ:

Jesus, tenho vivido sem cuidado, sem pensar sobre o que assisto ou em como assisto. Faço a mesma coisa em relação ao que ouço e como ouço. Gosto da idéia de fazer o que quero sem que tenha conseqüências, mas isso não é verdade. Ajude-me a pensar criticamente e a vigiar meus passos com humildade.

CONTROLE:

Quantas mensagens você escuta todos os dias? Quantas mensagens você vê? Pense na quantidade de música que escuta, de programas de televisão que assiste, de propagandas que vê ou de filmes a que assiste. Todos os dias, milhares de imagens e de mensagens assaltam seu cérebro. Cada uma delas transmite algo específico. A maioria delas tenta persuadi-la a acreditar em determinadas coisas. Todas elas esperam influenciá-la de uma forma ou de outra. E elas influenciam. A maioria das pessoas recebe passivamente todas as mensagens sem pensar duas vezes sobre elas. Ao fazer isso, elas permitem que coisas que não são boas nem verdadeiras as influenciem. Você faz a mesma coisa? Observe a quantidade de letras de músicas, de citações de filmes e de propagandas que consegue lembrar. Elas estão gravadas em sua mente e afetam a forma como pensa e vive. Comprometa-se a viver de forma distinta. Em vez de aceitar passivamente tudo que vê, pense de forma crítica no conteúdo das mensagens que a maioria das pessoas chama de entretenimento. Peça a ajuda de Deus para enxergar a verdade.

PRESTAÇÃO DE SERVIÇO COMUNITÁRIO

Punição

DOWNLOAD:

Porque o Senhor corrige o que ama e açoita a qualquer que recebe por filho. Hebreus 12.6

O melhor dia da vida de Érica foi o dia que em que foi presa. Érica tentara roubar um CD. As amigas a encorajaram a fazer isso. E ela quase saiu da loja com o CD, mas, no caminho para a porta de saída, o alarme soou. Ela pensou em correr. As amigas, quando viram o que tinha acontecido, fugiram. Mas Érica ficou firme. Ela permaneceu sozinha, enquanto o gerente da loja a escoltava até o interior da mesma a fim de esperar a polícia. Telefonar para os pais da delegacia foi pior que ser presa. Ela não tinha como apagar a expressão desapontada e preocupada deles quando passaram pela porta da delegacia.

Como era sua primeira infração, o juiz foi condescendente com ela. Érica foi sentenciada a 25 horas de serviço comunitário que teria de cumprir em quatro semanas.

— Isso representa mais de seis horas por semana. Como vou administrar isso? — pergunta aos pais na manhã seguinte durante o café da manhã.

— Na verdade, querida, serão doze horas e meia por semana. Seu pai e eu achamos que o juiz foi condescendente demais com você, por isso, nós a inscrevemos para trabalhar cinqüenta horas durante o próximo mês. Mas não se preocupe, você terá bastante tempo já que, no próximo

HISTÓRIAS DE FÉ:

As pessoas que a amam provam seu amor ao disciplinar ou ao corrigir você quando necessário.

mês, não fará nada além de ir à escola — declara a mãe.

Érica fica em silêncio enquanto termina o cereal. Ela pensa nas coisas que perderá durante esse período. Definitivamente, não valia a pena tentar economizar R$ 25,00 com roubo. Quando pára de sentir pena de si mesma, ela pergunta aos pais onde poderia prestar o serviço comunitário.

— Esperávamos que o juiz a condenasse a prestar serviço comunitário, por isso, passei a semana passada telefonando para diversos lugares — responde o pai. — Arranjei para você tutorear crianças do Ensino Fundamental todos os dias depois da escola. Contei ao diretor do local como você é boa em matemática.

Ela pensa: *Maravilhoso, tenho de passar o próximo mês com um monte de crianças estúpidas que não sabem matemática. Será o pior mês da minha vida.* Ela olha mal-humorada pela janela do carro enquanto vão para a escola.

Aquela tarde, o pai a pega na escola.

— Onde exatamente é esse lugar? — pergunta Érica com uma ponta de hostilidade na voz.

— Depois da zona oeste, perto da Escola Fundamental Garfield. Têm uma creche com um programa de estudo depois do horário escolar, voltado para os irmãos mais velhos das crianças que passam o dia lá. É um programa ótimo para pais solteiros. O nome do diretor é Reggie. Acho que vai gostar dele.

Érica está aborrecida com o otimismo do pai. Ela decide não fazer mais perguntas para ele.

Por volta das 15h30min, eles chegam à creche.

— Aqui estamos. Reggie a está esperando, portanto, não preciso entrar com você. Eu a pego às 18 horas — fala o pai.

— Às 18 horas?

— Isso mesmo, Érica. Serão duas horas e meia a contar de agora. Cinco dias por semana vezes duas horas e meia por dia vezes durante quatro semanas são cinqüenta horas.

— Eu sei matemática. Apenas não tinha pensado a respeito.

— Certo. Então até as seis. Divirta-se — fala o pai enquanto arranca com o carro.

Érica entra na sala e vê trinta crianças da escola fundamental sentadas em seus lugares.

— Você deve ser Érica — ouve uma voz declarar.

— Sou sim — responde ela.

— Bem, Érica, acho que é você mesma. Meu nome é Reggie. Sou o diretor daqui. É um prazer conhecê-la — diz ele, esticando a mão. Hesitante, ela aperta a mão dele. — Deixe-me mostrar o lugar e informá-la de como precisamos de sua ajuda.

Érica fica chocada ao ver tantos alunos do Ensino Médio e adultos.

— Eles também estão cumprindo horas de serviço comunitário?

Reggie ri.

— Pode-se dizer que sim.

— O que é tão engraçado?

— Bem, todos eles estão fazendo serviço comunitário, mas nenhum deles foi obrigado a isso. Todos os outros daqui cedem seu tempo como voluntários. Essa equipe vem aqui toda terça e quinta-feira. Poucos deles ficam aqui o dia todo.

Érica fica boquiaberta. Ela não consegue acreditar que alguém possa ser voluntário em um lugar desses o dia todo. Ela não sabe se a dedicação deles a inspira ou lhe causa pena pela falta de vida social.

— Érica, deixe-me apresentá-la a Natan. Ele está na sexta série da escola Garfield e é o mais velho de seis irmãos. A mãe dele trabalha como recepcionista em uma empresa descendo a rua. Natan é um bom jogador de futebol.

Érica estica a mão para apertar a de Natan, mas ele a ignora.

— Natan... Natan — repete Reggie até Natan levantar os olhos. — Está é Érica. Durante o próximo mês, todos os dias, ela o ajudará com a matemática. É bom se acostumar com ela.

Natan toma conhecimento da presença de Érica, depois, abaixa os olhos para sua carteira.

Reggie sussurra:

— Ele é um ótimo menino. Dê-lhe algum tempo.

Com isso, ele se afasta enquanto ela se senta.

— O que você fez? — pergunta Natan, tão logo Reggie fica fora de vista.

— O que você quer dizer? — pergunta Érica.

— Não sou estúpido. Reggie disse que você ficaria aqui um mês. Todos que sabem quanto tempo ficarão aqui antes de começar estão aqui por que são obrigados. Em geral, eles se meteram em encrenca e, por isso, passam tempo conosco. Portanto, o que você fez?

— Roubei uma coisa — admite Érica. Natan apenas sacode a cabeça e continua a trabalhar.

Ela olha por cima do ombro dele e observa o trabalho. A matemática dele é atroz. Érica passa os dois minutos seguintes imaginando o que dizer a seguir.

— Natan?

— Sim — responde ele de modo ressentido.

— Você tem de ficar aqui, certo?

— Sim.

— Você tem lição de casa de matemática, certo?

— Sim, e daí? — pergunta ele, levantando a cabeça, aborrecido.

— Bem, eu também tenho de ficar aqui e acontece que sou muito melhor em matemática que em roubar. Então, que tal eu emprestar a você meu serviço por um mês?

Natan pensa sobre a oferta e, a seguir, a aceita. No fim da primeira semana, ele já apresenta progressos. Durante o fim de semana, Érica se pega, com freqüência, pensando em Natan. Durante a segunda semana, Natan continua seu rápido progresso. Érica começa, todos os dias, a aguardar com ansiedade o término das aulas. Na sexta-feira da terceira semana, Natan faz a tarefa inteira sem auxílio e sem errar. Após ouvir a avaliação de Érica, pula de sua cadeira e começa comemorar. Ela ri deliciada com a brincadeira dele. Quando ele, por fim, termina, abraça Érica e sussurra:

— Obrigado.

Naquela noite, quando o pai arranca com o carro da creche, ela vê Natan sacudindo o papel diante da cara da mãe enquanto caminham para casa. A mãe dele está radiante de orgulho. Érica olha para o pai e diz:

— Papai, obrigada por me obrigar a fazer isso. Essa tarefa realmente me transformou.

CONEXÃO DE FÉ:

Jesus, ninguém gosta de ser punido ou disciplinado, e não sou exceção. Às vezes, gostaria que apenas me deixassem impune, mas sei que a disciplina, apesar de ser dolorida, transforma-me. Ser responsável por meus atos desenvolve meu caráter e faz parte de me tornar a pessoa que o Senhor me chamou a ser. Ajude-me a aceitar a disciplina com humildade.

CONTROLE:

Você conhece alguém cujos pais estão sempre o livrando de encrencas? Você conhece alguém que tenta constantemente não assumir a responsabilidade por seus atos? Que tipo de pessoa você acha que ela se tornará? Muitas pessoas pensam que amar quer dizer perdoar as conseqüências dos atos da pessoa ou que, acima de tudo, cometer um erro já é castigo suficiente. Contudo, o amor sempre faz o que é melhor para a outra pessoa. Nesse caso, o amor disciplina porque quer que você aprenda, cresça e amadureça. Se seus pais ou amigos a livram constantemente, peça-lhes que parem de fazer isso. Quando é responsável por seus atos, você se determina a desenvolver o caráter.

UMA CELEBRAÇÃO DA CIDADE

Festejos

DOWNLOAD:

Não estejas entre os beberrões de vinho, nem entre os comilões de carne. Porque o beberrão e o comilão cairão em pobreza; e a sonolência faz trazer as vestes rotas. Provérbios 23.20,21

Michele, como caloura em uma escola com o dobro de alunos de sua escola de Ensino Fundamental, começa o ano letivo sentindo-se um pouco perdida. Ela tem muitas amigas da escola fundamental. No entanto, às vezes, parece que todas estão perdidas nesse mar de rostos. A pior parte é que a maioria de suas amigas não está em nenhuma de suas aulas e, portanto, não podem se sentar juntas nas diversas matérias.

Após as duas primeiras semanas, ela começa a se ajustar ao cenário do Ensino Médio. Ela faz novas amigas e encontra formas de continuar em contato com algumas das antigas amigas. E depois de um mês, mais ou menos, o maior problema dela é conseguir organizar seus compromissos sociais.

Tati, sua mais nova amiga, é a líder da torcida e está realmente ligada a garotos legais, os jogadores de futebol e outros bem populares. Elas se conheceram quando Michele fez teste para a equipe da torcida organizada. Tati convidou-a para duas festas, mas até o momento ela sempre recusou os convites. Ela soube que alguns garotos bebem e que as festas são bem pesadas. Suas amigas antigas nunca faziam nada disso. Ela pensa: *Quero me enturmar, mas não quero ter de mudar minha mente.*

Ao mesmo tempo, Michele ainda passa tempo com sua melhor amiga da escola fundamental, Lisa. Elas têm outras amigas da igreja, e, todos os fins de semana, encontram-se na casa de Lisa para assistir a filmes e jogar alguma coisa. Os pais de Lisa são bem legais e deixam os filhos ficarem um bom tempo na sala de recreação sem muita supervisão.

— Onde você estava esse fim de semana? — perguntou Tati quando se encontraram na segunda-feira de manhã no corredor da escola. — Não a vi na festa do Blain.

— Oh, apenas saí um pouco e assisti à televisão — responde Michele. Ela não quer parecer careta, além de não querer contar que passou a noite de sábado jogando dominó com as amigas da igreja. Ela começa a achar os jogos de tabuleiro um tanto infantis.

— Menina, você precisa sair mais — replica Tati. — Eis aqui sua chance. Como esse jogo de sexta-feira pode nos dar uma vaga na final estadual, vai haver uma enorme festa na fazenda Hayes depois do jogo. Você poderia ir. Sério, não acho que haverá outra grande festa este ano. Sei que alguns jogadores de futebol ganharam um barril de cerveja.

— Vou pensar — responde enquanto se encaminha para sua primeira aula, sabendo que, de todo jeito, Tati continuará a tocar no assunto a semana inteira. Em sua mente, ela avalia os prós e os contras de ir à festa: Passar um período de tempo bom, ganhar popularidade e talvez até conhecer um cara atraente.

É uma noite de outono de sexta-feira, uma daquelas sextas-feiras pela qual os alunos vivem à espera. O jogo de futebol noturno coloca o Cardinals, o time da cidade, frente a frente com seu maior rival, o Eagles. Os dois times jogam pelo título distrital e por uma vaga na final estadual. Esse jogo promete ser uma competição animada, um jogo como nenhum outro. Isso dura, aproximadamente, uma hora. Realçada pela fala de três jogadores, por Tati como chefe da torcida, pela presença do diretor e, claro, a do treinador principal, a competição leva todos ao delírio.

HISTÓRIAS DE FÉ:

A cena da festa é divertida de início, mas depois lhe custará algo.

Enquanto Michele espera no campo o início do jogo, Lisa a cumprimenta com um aceno de bandeira da arquibancada:

— Quebre a perna! — ela grita.

— Isso é teatro, sua tonta! — sorri Michele ironicamente enquanto sobe na cerca.

— Ei, eu e os rapazes vamos ao Denny's depois do jogo. Quer ir? — pergunta Lisa.

Michele hesita.

— Não tenho certeza. Tati me convidou para uma festa... não prometi que ia, mas acho que devo ir. Todas as outras meninas da torcida estarão lá.

— Tudo bem — diz Lisa. — Mas se mudar de idéia, vamos nos encontrar no estacionamento depois do jogo e dividir o carro — Lisa volta para a arquibancada, dando um aceno e um rápido sorriso para Michele. Depois se vira e some na multidão.

O jogo corresponde à expectativa. O Cardinals e o Eagles batem e lutam por cada ponto. No fim, o Cardinals vence na prorrogação.

A celebração continua um pouco até os jogadores irem para o vestiário. Depois de tomar banho e se vestir, Michelle vai para o estacionamento com sua bolsa. A sua direita, ela vê algumas das torcedoras entrando no carro de Tati. Lisa espera alguns "atrasados" antes de ir para o Denny's. Até o momento, nenhuma delas a viu parada ali.

CONEXÃO DE FÉ:

Jesus, a festa da vida é tão fascinante. Tudo que vejo e ouço são os aspectos divertidos, muito poucos falam sobre o custo final delas. Ajude-me a resistir à tentação das festas e a evitar as sérias conseqüências que inevitavelmente trazem. Conceda-me um grupo de amigos que faça o que é certo e ainda assim tenha alegria.

CONTROLE:

A festa é exaltada. Pintam-na com uma luz tão positiva que você sente que perde alguma coisa se não participar. O que exatamente você perde? Diversão e risadas? Você não precisa participar de festas para ter momentos gostosos. O que você realmente perde é um bocado de complicação culminada com dor de cabeça, vômito, engano, mentira, descrédito, sexo casual e a possibilidade de consumo de substâncias ilegais. Se você faz parte do grupo festeiro, nunca é tarde demais para parar e se afastar disso. Peça a Deus que a ligue a um grupo distinto de amigas. Se você já faz parte de um grupo de amigas íntimas que não é arrastado pela vida de festa, agradeça a Deus por elas e diga-lhes que gosta delas.

O MAIS DIFÍCIL

Perdão

DOWNLOAD:

Se confessarmos os nossos pecados, ele é fiel e justo para nos perdoar os pecados e nos purificar de toda injustiça. 1 João 1.9

"Desculpe-me", fala Bianca. Agora, ela pede desculpas o tempo todo, mesmo quando não precisa. Ela pede desculpas ao professor quando responde errado a uma pergunta ou sente sono em classe. Pede desculpas por ficar confusa e precisar de um pouco de ajuda extra.

"Desculpe-me", "Sinto muito", "Desculpe", sussurra Bianca enquanto atravessa o corredor da escola de cabeça baixa.

Bianca desculpa-se com todo o mundo. As palavras *sinto muito* acompanham inúmeras conversas com seu chefe na confeitaria, com a equipe de líderes, com as colegas de trabalho e até mesmo com os clientes.

"Sinto muito." Bianca fala essas palavras constantemente às amigas. Ela sente muito por chegar cedo, por chegar atrasada e por estar no horário. Ela se desculpa por falar e por não falar. Boa parte do tempo, ela tenta não falar ou fazer nada demais.

— Desculpe, mamãe. Por favor, perdoe-me — responde ela quando a mãe pergunta quanto tempo demorará ao telefone.

— Não tem problema, querida. Preciso usá-lo quando você terminar, mas não tem pressa.

Bianca desliga o telefone.

Certa manhã, Bianca pede desculpas à mãe por demorar um pouco mais para se aprontar para a escola.

— Querida, não tem problema. Temos bastante tempo.

A seguir, Bianca pede desculpas por pedir desculpas. Ela repete o pedido de desculpas quando encontram algum farol fechado no caminho para a escola.

Quando precisa telefonar para a mãe no trabalho por algum motivo, ela se desculpa.

— Bianca, não tem problema você me telefonar no trabalho. Você sabe disso.

— Você está certa, mamãe. Sinto muito.

"Papai, sinto muito" — ela fala ainda com mais freqüência. Ela fala essas palavras todas as vezes em que conversam por telefone ou pessoalmente. Ela se desculpa quando acha que telefona muito ou não o suficiente. Bianca pronuncia essas palavras quando não pode fazer alguma coisa por causa de planos anteriores.

As únicas outras palavras que ela diz com tanta freqüência quanto "sinto muito" são os comentários negativos sobre si mesma.

— Não sou muito boa em matemática. Sou tão estúpida. Sempre faço isso. Sou tão desajeitada. Devo ser a pessoa mais chata do mundo. Sou um fardo. Não sou boa em nada. Sou horrorosa. Odeio quando faço isso.

Certa noite de sexta-feira, a mãe está sentada em sua poltrona favorita lendo um livro quando Bianca desce a escada. Ela vê que a mãe está lendo e pede desculpas por ter feito barulho.

— Você não fez barulho algum.

— Certo. Bem, desculpe por interrompê-la — responde Bianca enquanto sai da sala de estar e vai para a cozinha.

— Bianca, o que você vai fazer hoje à noite? Vai sair com suas amigas? — grita a mãe.

— Desculpe, esqueci de contar. Não tenho nenhum plano. Portanto, apenas ficarei em casa esta noite. Tudo bem? — grita ela de volta.

Ela termina a pergunta enquanto volta para a sala de estar.

— Claro que está bem. Amo quando você fica em casa comigo. Ultimamente, você tem passado muito tempo em casa. Está tudo bem com suas amigas?

— Sim — fala Bianca, serena. — Está tudo ótimo. Não tenho feito muitas coisas com elas nos fins de semana por que não quero atrapalhar os planos delas. Desculpe por ficar tanto em casa, espero não estar atrapalhando você.

HISTÓRIAS DE FÉ:

Às vezes, a pessoa mais difícil de perdoar é você mesma.

— Bianca — responde a mãe com simpatia —, você nunca me atrapalha. Venha aqui. Vamos conversar — ela passa para o sofá, assim, há bastante espaço para as duas. — O que está acontecendo de verdade?

— Nada, mamãe — responde Bianca. — Honestamente, está tudo ótimo.

— Bianca, ultimamente, você não é mais a mesma. Estou preocupada com você.

— Sinto muito, mamãe. Não queria deixar você preocupada.

— Querida, tudo bem me preocupar com você. Eu a amo e sou sua mãe.

— Certo — responde Bianca, hesitante.

— É sobre isso que estou falando, Bianca. Parece que você quer se humilhar e pede desculpas o tempo todo. Parece que está se desculpando por existir.

O silêncio enche a sala enquanto Bianca afasta os olhos da mãe. Ela quer se desculpar, mas sabe que não pode fazer isso depois desse comentário feito por sua mãe. Elas ficam sentadas quietas por alguns minutos, até a mãe de Bianca voltar a falar.

— Querida, por que você acha que tem de pedir desculpas ou se humilhar? Você é uma moça maravilhosa e me orgulho muito de você.

Bianca começa a chorar. Ela não consegue fixar os olhos da mãe.

— Bianca, fale comigo, por favor.

— Mamãe, sinto muito. Eu sinto tanto. Não queria isso. Prometo. Por favor, desculpe-me. Sinto muito — ela chora.

— Bianca, pelo que você sente muito? — pergunta a mãe.

— Sinto muito por ter feito papai ir embora — diz Bianca após levantar um pouco os olhos. A seguir, ela irrompe em lágrimas.

— Bianca, seu pai não foi embora por sua causa. Nosso divórcio aconteceu por muitos motivos. Você não é um deles. Na verdade, se não fosse por você, provavelmente, não falaríamos um com o outro. Bianca, você nos mantém juntos, não nos separa. Você tem se culpado por isso esse tempo todo?

— Apenas achei que fosse minha culpa. Nunca soube por que se separaram. Achei que você e papai não quiseram me contar por que não queriam me ferir.

— Não, Bianca, não contamos a você por que não queríamos que nada a separasse de nenhum de nós. Isso faz sentido para você?

— Faz sentido, mamãe, mas não muda como me sinto. Ainda me sinto culpada.

— Bianca, em um momento ou outro, todos temos sentimento de culpa. Às vezes, por coisas que não são nossa culpa. Uma das coisas mais difíceis da vida é aprender a perdoar a si mesma. Quer tenha culpa quer não, você merece perdão. Esse processo começa quando você se vê sob a luz certa. Agora mesmo, você acredita em muitas coisas a seu respeito que não são verdade. Talvez leve algum tempo para mudar essas percepções, mas, hoje à noite, é um ótimo momento para começar.

CONEXÃO DE FÉ:

Jesus, vivo com culpa, vergonha e pesar. Tenho dificuldade em perdoar a mim mesma. Sinto que preciso me punir ou fazer alguma coisa para merecer perdão, mas não importa o que faça, esse sentimento não me abandona. Preciso de ajuda para permitir que o seu perdão seja suficiente para mim. Abro meu coração e peço que me ajude a perdoar a mim mesma.

CONTROLE:

Por mais difícil que seja perdoar os outros, às vezes, é mais difícil perdoar a si mesma. Você se sente continuamente culpada, ou envergonhada, por alguma coisa que aconteceu há muito tempo? Você se sente culpada pelo mesmo motivo o tempo todo? Essa não é a vida pela qual Jesus morreu para você viver. Jesus veio, viveu, morreu e ressuscitou para lhe conceder uma vida plena e livre, não uma vida controlada pela culpa. Perdoar a si mesma pode não ser fácil, mas você precisa estar disposta a começar a fazer isso. Se não, é o mesmo que dizer que o sacrifício de Jesus não foi suficiente para pagar pelos seus erros. Deixe Jesus ser suficiente para você. Sim, você deve admitir seus erros e assumir a responsabilidade por eles. Todavia, leve-os a Jesus, aprenda com eles e permita que o perdão dEle se derrame sobre você.

A ÍNDIA E A MESA

Amor

DOWNLOAD:

Se alguém diz: Eu amo a Deus e aborrece a seu irmão, é mentiroso. Pois quem não ama seu irmão, ao qual viu, como pode amar a Deus, a quem não viu? 1 João 4.20

Certa noite, Cristine está assistindo ao seu programa de televisão predileto.

— Interrompemos nossa programação normal para apresentar uma reportagem especial.

— Não! — lamenta Cristine. — O programa estava ficando interessante.

— Boa noite. Aqui é Michelle Blake para o *NBC News*, falando de uma zona rural da Índia...

Cristine procura desesperadamente o controle remoto enquanto ignora a reportagem especial. Quando aponta o controle remoto em direção à televisão, ela pára um pouco diante das imagens exibidas na tela. A câmera focaliza uma mãe desnorteada com sua criança berrando em seus braços, um homem sentado com a face enterrada nas mãos, e uma criança em pé sozinha, olhando em volta, assustada demais para chorar.

A câmera dá uma panorâmica em uma grande paisagem de desastre. A cena anterior parece sinistramente pacífica em comparação a essa. A fumaça flutua suavemente em um céu riscado pelo pôr-do-sol.

Christine presta atenção à voz da repórter: "Esse foi um dos piores terremotos já registrados na história. Ele mediu 8.7 pontos na escala Richter, mas esse número não traduz a quantidade de vidas perdidas e de famílias que perderam sua casa. O terremoto aconteceu, aproximadamente, há trinta minutos, portanto, ainda é muito cedo para calcular os danos com exatidão. Como a filmagem mostra, penso que seja seguro calcular milhares de mortes. Devemos lembrar que cada uma dessas mortes em potencial representa o marido ou a esposa, a mãe ou o pai, o irmão ou a irmã, o amigo ou parente de alguém. Além disso, um terremoto dessa magnitude causa inúmeros abalos posteriores que causam mais danos e tiram mais vidas. Nós os manteremos atualizados à medida que recebermos mais informações. Aqui é Michelle Blake para a *NBC News*. Agora voltamos a nossa programação normal".

A televisão volta para o programa que, agora, parece bastante trivial para Cristine. A imagem da criança em pé no meio da rua rodeada de entulho, coberta de sujeira e aterrorizada fica gravada em sua mente. Ela sente compaixão por um estranho anônimo, algo que nunca sentira antes. Ao mesmo tempo, ela se sente perdida e incapaz de fazer alguma coisa para aliviar o sofrimento e a dor dessa criança.

Quarenta e cinco minutos antes, Cristine jantou com os pais e os irmãos mais novos. Cristine e sua irmã mais nova, Anna, têm dois anos de diferença. O irmão, Henrique, é o caçula da família e tem oito anos. Os jantares em família sempre são interessantes. Seus pais, Steve e Alice, passam a maior parte dos jantares resolvendo os constantes conflitos dos irmãos. As brigas mais intensas giram em torno de Cristine e Anna. Para um observador de fora, Cristine e a irmã parecem se odiar. Elas raramente se falam a não ser que estejam com raiva. Cristine acha Anna profundamente irritante, hipócrita e muito dependente dos pais para tudo. Anna acha Christine egoísta, arrogante e ingrata.

— Então, Cristine, como foi seu dia — perguntou o pai.

— Foi ótimo — respondeu sucintamente.

— Não seja brusca com papai — repreendeu Anna.

— Não fui brusca com papai e não me diga o que fazer — retrucou Cristine.

— Meninas — repreendeu a mãe.

— Sinto muito, mamãe. Mas fico doente com a forma como ela trata você e papai — respondeu Anna.

— Apenas por que não os bajulo cada minuto em que não estou na escola não quer dizer que os trate mal — gritou Cristine para a irmã.

— Fico doente quando você me acusa para tentar parecer boazinha para o papai e a mamãe. O que você quer, afinal? Se estiver brigando pelo lugar de filha favorita, pode ficar com ele.

— Anna. Christine. Parem, por favor — replicou severamente o pai. — Sua mãe e eu estamos cansados dessa implicância de vocês. Não entendo por que parece impossível vocês ficarem juntas no mesmo cômodo sem espalhar raiva por todo o ambiente. Somos uma família, pelo amor de Deus. É vergonhosa a forma como vocês tratam uma a outra.

As meninas terminaram o jantar em silêncio, olhavam apenas para seu prato de comida, brincando mais com os alimentos que comendo. Henrique aproveitou a atenção integral dos pais para se vangloriar. Eles escutaram indiferentes, aborrecidos com o conflito e inquietos com a falta de sensibilidade e com a tagarelice interminável de Henrique.

— Posso me levantar? — perguntou Cristine, relutante.

— Sim — respondeu o pai.

A menina lavou seu prato e foi para a sala de estar. Cerca de três minutos depois, Anna a seguiu. As duas tinham feito planos de assistir a diferentes programas de televisão sem contar uma para a outra. Quando Anna chegou à sala de estar, ela viu Cristine sentada no sofá com o controle remoto na mão.

— Ponha no canal seis — ordenou Anna.

— Desculpe-me — replicou Cristine com propósito.

— Canal seis! — fala devagar Anna.

— Desculpe, princesa. Hoje à noite, vou assistir ao canal dois — afirma Cristine sarcasticamente.

— Ontem à noite, você mandou na televisão. Esta noite, ela é minha — atacou de volta Anna.

— A televisão é de quem chega primeiro, de quem liga primeiro, e eu estava antes aqui. Se quiser chorar para o papai e a mamãe, vá em frente.

— Você é tão idiota — atacou de novo Anna, lutando para manter a voz baixa.

— Apenas cale a boca já. Eu peguei a televisão, Anna — disse Christine rispidamente. — Você é a filha doce, inocente e perfeita, eu sou a irmã mais velha, a vilã ingrata a quem você está presa. A única coisa que você não consegue entender é que amava minha vida até você surgir com seu ato de virtuosa. Não acredito nisso nem papai e mamãe. Desista e saia da minha frente!

Reconhecendo a derrota, Anna vira-se e sobe a escada batendo o pé em direção a seu quarto.

HISTÓRIAS DE FÉ:

Muitas vezes, as pessoas mais difíceis de amar são as que você mais ama.

Quarenta e cinco minutos depois, o pai de Cristine senta-se perto dela no sofá. Uma lágrima rola pela face de Cristine.

— Filha, o que foi? — pergunta gentilmente o pai.

— Há poucos minutos, houve um terremoto na Índia. Eles acabaram de mostrar algumas cenas na televisão. Foi horrível. Por todo lugar, tinha gente gritando e correndo. Depois, eles mostraram um menininho em pé sozinho na rua. Não consigo parar de pensar nele. Gostaria de poder fazer alguma coisa.

— Cristine, há coisas que você pode fazer. Você pode começar com a oração, e tenho certeza de que nos próximos dias surgirão muitas oportunidades de fazer doações para os afetados pelo terremoto. Pode não parecer muito, mas é um começo.

— Acho que você está certo.

— Fico muito orgulhoso de você querer ajudar. Se realmente quiser demonstrar amor por alguém, você deve agir. Amor não é algo que você sente ou fala, é algo que você vive.

Enquanto o pai fala, Cristine começa a perceber que ele fala sobre mais que apenas a tragédia na Índia. Ele também fala sobre a tragédia que está acontecendo em casa entre duas irmãs.

CONEXÃO DE FÉ:

Jesus, maravilho-me ao descobrir que amo ao Senhor, meu Deus invisível, e também amo estranhos e pessoas ao redor do mundo. Obrigada por encher meu coração com sua compaixão. Ao mesmo tempo, tenho dificuldade em demonstrar seu amor para com minha família, amigas íntimas, colegas, companheiras de equipe, treinadores, professores e vizinhos. Ajude-me a amá-los da mesma maneira que o Senhor me ama.

CONTROLE:

Nossa cultura diz que o amor é um sentimento ou emoção. Embora, às vezes, sintamos amor, esse sentimento não é, em essência, o que é o amor. O amor é a decisão de agir de certa forma em relação às outras pessoas. É ser paciente, boa, humilde, abnegado, perdoadora e encorajadora. É o ato de proteger, de confiar e de permanecer esperançoso para as pessoas a sua volta. Como você ama as pessoas ao seu redor? Pense nas pessoas de sua vida. Você as trata dessa maneira? Por quê? Se não, comece a fazer isso hoje. Converse com essas pessoas e peça-lhes perdão. Comprometa-se a agir de forma amorosa para com elas. Pergunte-lhes como pode demonstrar melhor o amor por elas. Isso lhe dará algumas idéias e sugestões práticas para começar. Continue a pedir a Deus para ensiná-lo e para enchê-lo com o amor dEle.

A FITA VERMELHA DE WENDY

Serviço

DOWNLOAD:

O Filho do Homem não veio para ser servido, mas para servir e para dar a sua vida em resgate de muitos. Mateus 20.28

Em algum momento do mês de março, Jamie chegou ao seu limite. Foi um ano horrível, uma combinação de frustração e de confusão. O namorado passou o verão no sul e voltou para o norte com uma nova namorada. No outono, seus estudos ficaram à deriva, e as notas também. Durante o feriado de Natal, a situação ficou tensa entre seus pais. Por volta de março, eles anunciaram uma separação temporária enquanto buscavam aconselhamento. Jamie, por sua vez, decide que é hora de admitir a derrota, desistir deste ano e ter esperança de que o seguinte seja melhor. Até o momento, ela fixou-se na ordenação de seus pensamentos e tentou avaliar sua vida e tudo que acontecera.

— Bom dia, classe — o Sr. Kennedy saúda sua turma de história mundial da primeira aula de segunda-feira. — Espero que todos tenham tido um ótimo fim de semana — e os alunos murmuram algo em resposta. — Antes de entrarmos no assunto de hoje, as causas da Segunda Guerra Mundial, quero falar sobre uma oportunidade de voluntariado.

Jamie e metade da classe tentam, sem sucesso, ignorar o Sr. Kennedy. Instintivamente, eles ficam ressabiados com a expressão "oportunidade de voluntariado", mas têm dificuldade em resistir à paixão e ao entusiasmo do professor.

— Nos últimos três anos, tenho o privilégio de coordenar os voluntários para auxiliar na Olimpíada Especial. Todos os anos, peço a meus alunos que ajudem os atletas sendo amigos deles. Os amigos ficam junto com os atletas, monitoram e os encorajam, certificando-se de que cheguem aos eventos no horário. Se alguém estiver interessado, por favor, assine o nome na folha que passarei durante a aula. Alguma pergunta?

Como resposta, ele é saudado pelos olhares fixos e vazios da classe.

— Certo. Então, falemos sobre a Segunda Guerra Mundial.

Quando o sinal toca, a classe, de repente bem acordada, corre porta afora.

Jamie, por falta de energia e de motivação para correr, fica para trás. O Sr. Kennedy dá uma olhada na folha de assinatura e percebe que Jamie não se candidatou como voluntária. Jamie conhece bem o Sr. Kennedy. Ele foi professor de seus irmãos mais velhos e é amigo da família há muito tempo. Por causa de sua história com Jamie e de conhecer a situação atual da família, ele acha que deve pedir a ela que seja voluntária.

— Jamie. Posso falar com você um segundo?

— Claro — murmura ela, voltando para sua carteira.

— Vi que você não se candidatou como voluntária para a Olimpíada Especial.

— Sr. Kennedy, simplesmente não posso lidar com nada neste momento. Estou com coisas demais na cabeça. O senhor sabe disso — alega irritada por ter de se justificar para alguém que sabe pelo que está passando.

— Jamie, sei que você está com muitos problemas no momento. Na verdade, é por isso que mencionei o voluntariado. Acho que algo assim pode ser terapêutico e, acredite ou não, bastante agradável. Não preciso de uma resposta hoje. Apenas faça-me um favor e pense a respeito. Certo?

— Com certeza — resmunga, aliviada com o fim da conversa. Ela vira-se e sai da sala.

Na terça-feira, o Sr. Kennedy não fala nada sobre a Olimpíada Especial com Jamie, mas, na quarta-feira depois da aula, ele cobra uma resposta.

— Bem, Jamie, você pensou no assunto? — ele pergunta.

— Pensei, Sr. Kennedy, não posso fazer isso neste momento. Desculpe.

— Não tem problema, Jamie. Que tal eu lhe dar mais alguns dias para pensar no assunto? Na sexta-feira, pergunto de novo — insiste.

— Sr. Kennedy, o senhor vai continuar perguntando até eu dizer sim? — pergunta ela, aborrecida, mas também achando meio divertido.

— Esse é meu plano! — diz ele sorrindo. — Sei que você não quer fazer isso. Acho que estou pedindo que confie em mim dessa vez. Apenas dê uma chance para a Olimpíada Especial. Acho que você vai amar. Se estiver errado, jamais pedirei que faça alguma coisa de novo.

— Certo. Serei voluntária — resigna-se ela —, mas apenas para o senhor parar de me amolar — ela sorri levemente e sai da sala.

Em um sábado, duas semanas mais tarde, Jamie apresenta-se na pista da escola de Ensino Médio às 8 horas. O Sr. Kennedy a localiza enquanto dá instruções para um grande grupo de voluntários. Ele faz sinal para que ela espere três ou quatro minutos. Jamie olha em volta. A quantidade de voluntários a deixa impressionada enquanto acena para uma colega de classe do outro lado da pista.

— Oi, Jamie, é bom ver você — exclama um Sr. Kennedy de olhos brilhantes.

— Também é bom vê-lo — responde Jamie serenamente.

— Deixe-me apresentá-la a sua amiga. O nome dela é Wendy. Ela tem 66 anos, é rápida como um raio e maluquinha como um menininho, portanto, preste atenção — o comentário do Sr. Kennedy abre um sorriso nos lábios de Jamie, enquanto eles se dirigem para a pista a fim de encontrar Wendy.

HISTÓRIAS DE FÉ:

Quando você se sente sem saída, não procure as respostas em si mesma. Procure oportunidades para servir e doar parte de si mesma para o sucesso de outra pessoa. A vida começa a sorrir quando você ajuda os outros.

— Wendy! Wendy! — grita o Sr. Kennedy a uma mulher de meia-idade, de cabelos grisalhos e meio corcunda. Wendy corre até eles. — Wendy, quero apresentá-la a Jamie. Ela será a sua amiga hoje.

— Oi, Jamie. Sou Wendy e vou ganhar a corrida. Sim, vou ganhar — afirma Wendy com um sorriso confiante, algumas contrações e um firme aperto de mão.

— Jamie, às 11 horas, Wendy compete na corrida dos cem metros e, às 12h45min, do lançamento de peso. Você tem de se certificar de que ela esteja nos lugares no horário e permaneça neles para receber a fita se ganhar?

— Sim, vou ganhar — acrescenta Wendy.

— Com certeza, Sr. Kennedy — replica Jamie com outro sorriso e uma leve risada.

O Sr. Kennedy vira-se, e Wendy, imediatamente, sai correndo pelo campo. Jamie hesita e, a seguir, sai correndo atrás dela. Ela pensa: *Aposto que esse é o aquecimento dela.* Nas próximas horas, Jamie passa a maior parte do tempo correndo atrás de Wendy. Ela pára apenas para mostrar algum truque de mágica que achou bem interessante ou para falar com algum menino bonito. Felizmente, Wendy acha todos os meninos bonitos. Assim, ela pára de correr com freqüência, dando tempo a Jamie para alcançá-la a fim de recuperar o fôlego.

As três horas que Jamie passou com Wendy voaram tão depressa que ela quase esqueceu de levá-la para a corrida dos cem metros. Ainda bem que não perderam a hora. Embora tivesse corrido a manhã inteira, Wendy tem energia suficiente para ganhar a corrida e conseguir o segundo melhor tempo de todos. Jamie jamais testemunhara esse grau de entusiasmo.

— Vou vencer. Vou vencer. Consegui uma fita. Sim, consegui uma fita. Segundo lugar. Segundo lugar. Segundo lugar! — grita Wendy quando ouve a notícia. Ela está tão animada que sai correndo para contar tudo a seus novos amigos. Jamie a persegue antes que fique muito a sua frente.

— Wendy, antes, temos de voltar e pegar sua fita. Depois, podemos mostrá-la para todo o mundo — Jamie declara persuasivamente, à medida que vê nos olhos de Wendy que ela pode sair correndo a qualquer minuto.

— Sim, consegui a fita. Consegui a fita. De que cor é a fita?

— Acho que vermelha — fala Jamie com um sorriso de orelha a orelha.

— Gosto de vermelho. Consegui uma fita vermelha. Depois, vamos mostrar a fita vermelha aos meus amigos — concorda Wendy. E esta, depois, agarra a mão de Jamie, e as duas voltam para a linha de chegada.

Depois de algumas horas, 39 voltas em torno do campo e um terceiro lugar no lançamento de pesos, Wendy embarca em seu ônibus rumo a sua casa. Jamie, exausta, senta na beira da calçada e acena adeus. Ela não sabe que o Sr. Kennedy está logo atrás dela.

— Falei para você — diz ele.

Ela vira-se e vê o sorriso largo do Sr. Kennedy. Agora, ele sorri de orelha a orelha e continua:

— Às vezes, a melhor forma de pôr ordem na vida não é olhar para o nosso interior, mas para os outros. Obrigado por sua ajuda, Jamie. Vejo-a na segunda-feira.

O Sr. Kennedy vai embora, enquanto Jamie vira-se para ver a cabeça e o braço de Wendy pendurados para fora da janela do ônibus. Ela agarra suas fitas, sacode-as e grita:

— Vou ganhar!

CONEXÃO DE FÉ:

Jesus, às vezes não entendo o que acontece. O Senhor entrou em sua criação não para ser servido por ela, mas para servi-la da forma mais radical possível. O Senhor entregou sua vida. Ajude-me a fazer a mesma coisa. Ajude-me a entregar minha vida aos outros e use meus atos comuns para seus propósitos no mundo.

CONTROLE:

Você já se sentiu deprimida? Você já se sentiu confusa ou frustrada? O que fez nesses momentos? Quando a vida fica difícil, muitas pessoas se voltam para si mesmas a fim de tentar consertar as coisas. Elas se isolam e ficam introspectivas. Decidem que a melhor forma de lidar com a confusão é concentrando-se em seus problemas. Infelizmente, quando você faz isso, seus problemas, com freqüência, parecem maiores e insuperáveis. Jesus ensinou um modelo diferente. Coloque os outros em primeiro lugar. Quando estiver sofrendo, deprimida, confusa e frustrada, sirva os outros. É surpreendente como a vida entra no foco quando você faz isso. De repente, os problemas que pareciam enormes e impossíveis tornam-se administráveis e até mesmo passíveis de solução. Procure oportunidades para servir os outros e veja como sua vida se transforma.

O QUE É ISSO?

A vontade de Deus

DOWNLOAD:

Porque eu bem sei os pensamentos que penso de vós, diz o Senhor; pensamentos de paz e não de mal, para vos dar o fim que esperais. Jeremias 29.11

Estela fica animada com o emprego que conseguiu no supermercado local. O horário de trabalho é bom e o salário também. Como parte do treinamento, ela foi encorajada a aperfeiçoar sua habilidade de atender o cliente. Espera-se que as caixas iniciem sua interação com o cliente com cortesia.

— Bom dia [boa tarde], senhor(a). O senhor(a) encontrou tudo que procurava hoje?

— Sim, obrigado.

— Qual será a forma de pagamento?

— Cartão de crédito.

Caso a caixa seja aluna do Ensino Médio, as perguntas tendem a girar em torno desses temas. Mas se o cliente conhece a funcionária, ou pior, sua família, então as perguntas se tornam mais específicas. Se o cliente sabe que a caixa é aluna do penúltimo ou do último ano do Ensino Médio, as perguntas ficam mais previsíveis.

— O que você fará depois do Ensino Médio? Você vai para a faculdade? Para qual faculdade irá? O que estudará?

Todos na pequena cidade de Estela conhecem sua família. Ser aluna do último ano do Ensino Médio já é bem difícil. Ser pressionada pela família, pelas amigas e pelos professores para decidir sobre o futuro é esperado, mas irritante. Ser pressionado por quase estranhos faz com que a experiência fique muito abaixo do que consideraria como divertido.

— Honestamente, senhor(a), ainda não decidi — responde Estela, e se for alguém de sua igreja acrescenta —, mas estou tentando descobrir a vontade de Deus — essa declaração parece acabar com as perguntas.

Depois das férias de inverno, ela começa a sentir a pressão das perguntas de forma mais contundente, a ponto de se preocupar que isso esteja causando uma úlcera. Ela sente acidez na boca do estômago. Estela começa a considerar uma série de opções tradicionais: Faculdade comunitária, escola estadual, escola vocacional e a militar. Na igreja, continua a ouvir as colegas de último ano mencionarem a vontade de Deus. Ela começa a suspeitar que, como cristã, esse é um conceito que deve considerar, e não apenas usar como uma resposta conveniente para perguntas inconvenientes.

HISTÓRIAS DE FÉ:

Deus tem planos maravilhosos para sua vida. Não se esqueça de que esses planos começam com quem você é. Quem você é sempre é mais importante do que o que você faz.

Ela não sabe muito bem como abordar o assunto, por isso, olha a Bíblia primeiro. Estela descobre que Jesus instruía as pessoas para fazer a vontade de Deus, o que não esclarece as coisas para ela. Em Atos e em Romanos, Paulo menciona ir ou deixar de ir a diversos lugares por causa da vontade Deus. Além disso, ela aprende que isso tem a ver com a renovação da mente, algo que deve fazer de coração.

Ela pensa: *Bem, para mim, tudo isso é tão claro quanto água turva.* Estela decide que deve perguntar a alguém. Tiago, seu amigo, serve como estudante líder no grupo de jovens da igreja. Ela conhece Tiago há muito tempo e confia nele, assim, escolhe o amigo como seu melhor candidato para informá-la. Também não atrapalha o fato de que sempre achou Tiago bonito.

— Oi, Tiago. Espere — grita Estela no corredor.

Tiago vê Estela por cima do ombro e pára a fim de esperá-la. Quando ela se aproxima, ele lhe dá um sorriso caloroso.

— O que foi, Estela?

— Tenho uma pergunta sobre Deus que acho que você pode responder.

— Certo. Qual é a pergunta? — inquire ele, enquanto os dois se encaminham para o banco mais próximo do lado de fora da escola.

— Como descubro a vontade de Deus?

— Oh, minha cara — ri Tiago. — Cada um parece ter uma idéia diferente do que quer dizer "seguir a vontade de Deus".

— Então, não estou sozinha nessa? — ri Estela.

— Não. De jeito nenhum. Mas lembro do pastor Steve falar sobre isso e lembro basicamente disto: Podemos ver a vontade de Deus em duas áreas. Ele disse que existe a vontade geral de Deus, que inclui coisas como querer que todos o conheçam e que sigam seus mandamentos... — começa Tiago.

— Isso é como amar seu próximo, certo?

— Exatamente! E a segunda área é a vontade específica de Deus, que é mais pessoal para cada indivíduo. O pastor Steve mencionou algumas passagens bíblicas que falam sobre Deus ter um plano para nossa vida.

— É bom ouvir isso, mas também é um pouco assustador. Quero dizer, o que acontece se deixo escapar totalmente a vontade de Deus? — pergunta Estela.

— Sinto-me assim às vezes. Apenas tento lembrar que nem tudo depende apenas de mim. Deus quer nos revelar sua vontade para nossa vida, apenas precisamos procurá-lo e estar abertos para Ele.

— Você acha que Deus pode ser o motivo de eu ser boa em ciências?

— Sim, absolutamente. Já que Ele a fez assim, isso pode ter algo a ver com seu futuro. Acho que as coisas que amamos, em que nos saímos bem e com que sonhamos — todas contam. Oh, e outra coisa que o pastor falou foi que precisamos nos lembrar de que Deus não pede que façamos sua vontade sozinhos. Ele está conosco, como também as pessoas que Ele traz para nossa vida.

— Na verdade, isso dá bastante segurança. Então — diz Estela com um sorriso —, conforme perguntei, como descubro a vontade de Deus?

— Acho que não existe um processo simples, do tipo siga esses três passos. Já falamos sobre prestar atenção a nossos gostos e sonhos e também às coisas desse tipo. Orar sempre é bom. Às vezes, pergunto às pessoas, como meus pais e o pastor Steve, o que pensam. E queremos ter certeza de que estamos sendo sábios. Não queremos tomar uma decisão baseados apenas no lado financeiro, mas também temos de considerar isso. Tenho certeza de que também há outras coisas. Você poderia conversar com o pastor Steve sobre isso. Ele ama esse assunto. Isso ajuda?

— Tiago, isso ajuda muito. Muito obrigada — ela dá um rápido abraço nele.

— Fico contente em ajudar — diz ele com um sorriso estranho. — Na verdade, acho que convidá-la para sair nesta sexta-feira é a vontade de Deus.

CONEXÃO DE FÉ:

Jesus, sei que o Senhor tem um plano e um propósito para minha vida. Guie-me nessa direção. Quero seguir o seu caminho, não o meu. Ao longo do caminho, ajude-me a lembrar que o mais importante é a pessoa em que me transformo no Senhor.

CONTROLE:

Você tem consciência de que Deus tem um plano maravilhoso e um propósito específico para sua vida? Ele a convida a participar de sua revolução de amor no mundo e quer usá-la para tornar o mundo um lugar melhor para se viver. Há coisas específicas no plano dEle, mas Ele se importa muito mais com os aspectos gerais. Os aspectos gerais envolvem VOCÊ! Ele quer desesperadamente salvá-la, amá-la, perdoá-la, curá-la, restaurá-la, ensiná-la, guiá-la, protegê-la e prover para você. Além disso, Ele quer transformá-la na pessoa que designou originalmente que você seria e que a criou para ser. Ele quer transformá-la no tipo de pessoa que ama, importa-se, escuta, apóia, serve, obedece, agradece, permanece pura e vive de forma tão exemplar a ponto de as pessoas notarem isso. Ele tem uma vida maravilhosa para você. Uma vida melhor do que você seria capaz de imaginar. É a vida abundante. Permita que Ele renove sua alma e a guie de acordo com a vontade dEle.

ISSO EXISTE?

Verdade

DOWNLOAD:

Disse-lhe Jesus: Eu sou o caminho, e a verdade, e a vida. Ninguém vem ao Pai senão por mim. João 14.6

Sabrina, aluna da oitava série, e Maya, uma caloura, se conheceram na primeira semana de aula quando viram que usavam a mesma camiseta Vintage Vantage. Elas se deram bem de cara e descobriram que tinham muita coisa em comum. Elas escutam as mesmas bandas, gostam do mesmo tipo de filme e não têm vergonha de confessar que são viciadas na mesma novela para adolescentes da televisão. Sabrina lembra-se de como se sentiu solitária em seu ano de caloura e, assim, colocou Maya sob sua proteção.

Sabrina apresentou Maya a todas as suas amigas. Deu-lhe todas as informações necessárias para evitar a humilhação pública. Além disso, Sabrina convida Maya para todos os eventos importantes da escola "de que precisa participar". Por fim, elas iniciaram uma reunião semanal na lanchonete preferida delas.

A amizade deu um passo gigantesco adiante quando Maya descobriu que Sabrina é cristã. Maya cresceu em uma família não-religiosa e tem muitas perguntas. No fim, Maya também decidiu ser uma seguidora de Cristo. As paradas semanais na lanchonete transformaram-se em encontros semanais com pãozinho, Bíblia, oração e comunhão. Os encontros continuaram por dois anos, até Sabrina ter de se mudar para estudar filosofia e religião em uma renomada universidade. Sabrina está indecisa entre se tornar ministra ou professora universitária, portanto, os dois cursos fazem sentido.

Sabrina vem para a cidade para as férias da primavera e entra em contato com Maya para marcarem um encontro na lanchonete. No sábado, Maya chega à lanchonete cinco minutos antes para garantir o lugar preferido delas no fundo. Quando ela chega, Sabrina já está no local.

— Oi, Sabrina! É tão bom ver você. Vejo que nós duas tivemos a mesma idéia — diz Maya, enquanto Sabrina se levanta. Elas se abraçam.

— Precisamos da nossa mesa. É uma tradição — anuncia Sabrina com um sorriso. As duas amigas tiram os casacos e vão para o balcão.

— É tão bom ver você — Maya exclama de novo.

— Sinto muito não termos mantido contato esse ano — responde Sabrina.

— O comentário também vale para mim — desculpa-se Maya.

— Acho que temos muito assunto para colocar em dia.

— Sem dúvida. Tenho tanto para lhe contar, mas primeiro quero saber tudo sobre você.

— Posso ajudá-las? — pergunta o caixa.

— Quero um misto quente com guaraná natural. Minha amiga quer... — fala Sabrina, virando-se para Maya.

— O mesmo, por favor — diz Maya ao balconista e, depois, vira-se para Sabrina —, você tem certeza de que quer pagar isso?

— Com certeza. Eu convido.

— Obrigada.

As moças retornam para o seu lugar, e Maya começa a informar Sabrina sobre todos os acontecimentos da escola. Ela termina dizendo como sente que cresceu em seu relacionamento com Jesus. Ela começa a perceber que Sabrina está cada vez mais distante e transmite indiferença ou desconforto. Maya não tem certeza do que está errado, mas não força o assunto.

— Fico contente em saber que as coisas vão bem para você, Maya. Isso é maravilhoso. Você percorreu um longo caminho desde que nos conhecemos. Estou orgulhosa de você — afirma Sabrina.

— Obrigada, mas chega de falar de mim. O que está acontecendo com você, universitária? Como é a vida na faculdade? — pergunta Maya.

— Amo a faculdade. Não é bem o que esperava, mas realmente estou gostando.

— O que você não esperava?

— Tem um monte de coisas para as quais acho que não estava preparada. Não esperava que meu horário fosse tão diferente. Precisei me ajustar um pouco a fim de me acostumar a não ter uma aula logo depois da outra todos os dias. Tenho muito mais tempo livre, porém, ao mesmo tempo, tenho muito mais trabalho. Menina, nem imagina o quanto li este ano.

— Você gosta de ler, portanto, isso deve ser meio legal, certo? — pergunta Maya.

— Definitivamente. Amo ler, mas realmente tem sido um desafio.

— Você quer dizer que tem sido um desafio acompanhar suas aulas ou um desafio para sua fé? — pergunta corajosamente Maya, sentindo uma brecha para isso.

— As duas coisas. Há tanto para ler — responde Sabrina, evasiva.

Maya se aprofunda no assunto.

— Como isso desafia sua fé?

— Honestamente, é difícil de explicar.

— Tente.

— Desafia minha fé de várias maneiras.

— Dê um exemplo.

— Você não vai deixar esse assunto de lado, não é? — diz Sabrina rindo.

— Não — responde Maya com um sorriso.

— Certo. Peguemos a noção de verdade. Sempre acreditei que a Bíblia é a autoridade final. Durante todo o Ensino Médio usei a Bíblia para argumentar contra coisas como evolucionismo ou homossexualismo. Mas depois de ler os filósofos e de conversar com meus professores, não acredito mais em uma verdade absoluta.

— O que isso quer dizer? — pergunta Maya muitíssimo preocupada.

— Quer dizer muitas coisas, acho. Por exemplo, não acredito mais na infalibilidade de Jesus ou da Bíblia. Acho que eles fornecem uma opção para a vida e a espiritualidade, mas não penso que seja o único caminho.

— Sabrina, essa é uma decisão importante para ser tomada em apenas alguns meses.

— Eu sei.

— Você tem certeza em relação a tudo isso?

— Realmente, tenho. Sinto desapontá-la ou aborrecê-la.

— Sabrina, você não me desaponta. Honestamente, estou apenas preocupada com você. Parece que você absorveu um monte de coisa muito depressa e sem realmente testar para ver se é verdade.

Sei que não li todos os livros nem ouvi todas as preleções que você leu e ouviu, mas isso me parece um tanto perigoso.

— Como isso é perigoso? — pergunta Sabrina, um pouco espantada com a imaturidade de Maya.

— Primeiro, a afirmação de que não existe essa coisa de verdade absoluta é contraditória. É uma afirmação absoluta. Segundo, se a verdade é relativa, como você explica as coisas em que todos os seres humanos acreditam? Por exemplo, como você explica que a maioria da humanidade sã concorda que o assassinato a sangue frio é errado? Terceiro, acho que não acreditar em nada parece uma desculpa. Se tudo é relativo, então ninguém pode responsabilizá-la pelas decisões que toma ou a forma como essas decisões afetam os outros. Você pode fazer o que quiser sempre que quiser. Isso parece perigoso.

HISTÓRIAS DE FÉ:

A verdade existe, e toda verdade encontra suas raízes em Deus. Ele é a verdade, e toda verdade vem dEle.

— Maya, essa é uma resposta bem impressionante. Vou pensar a respeito, mas, bem, você não teve todas as aulas e teorias que tive.

— Bem, certo. E que tal isso? Venha comigo à igreja esse domingo. Meu pastor está fazendo uma série de sermões sobre a verdade em relação à cultura — diz Maya.

— Com certeza, vou gostar disso. Quero escutar o que ele tem a dizer — replica Sabrina pensativamente.

CONEXÃO DE FÉ:

Jesus, o Senhor é a verdade. Há tantas mensagens contrárias por aí, por isso, preciso de sua ajuda. Ajude-me a aceitar, a abraçar e a proclamar a verdade. Ensine-me a pensar de acordo com seus caminhos e suas palavras. Ajude-me a permanecer na verdade em um mundo que torna isso tão difícil.

CONTROLE:

A maior parte do mundo acadêmico, ou universitário, é um lugar difícil para os cristãos. Muitas estudantes cristãs entram para a faculdade despreparadas para os argumentos e as filosofias a que serão expostas. Elas não sabem em que acreditam nem por que acreditam. Elas nunca pesquisaram os argumentos contra sua fé em um ambiente inspirador que possa verdadeiramente orientá-las. Muitas nunca aprenderam a pensar de forma crítica em sua fé nem nas idéias que atacam essa fé. Você está preparada? Você sabe em que acredita e por que acredita nisso? Você aprendeu a pensar crítica e logicamente? Se não, busque o conselho de cristãos experientes, eruditos e fiéis. Peça-lhes que a ajudem a se preparar. Além disso, vá à livraria cristã local e comece a ler livros que a ajudarão nessa área. Por fim, continue a pedir a Deus que prepare sua mente para a ação e a ensine como testar tudo de acordo com os caminhos e as palavras dEle.

MUDANÇA DE CIDADE

Família

DOWNLOAD:

Folgando no seu mundo habitável e achando as minhas delícias com os filhos dos homens. Provérbios 8.31

— Vamos mudar? Por favor, diga que é brincadeira! — grita Celeste.

— Desculpe, querida. Não temos escolha. Essa é a melhor oferta de emprego que já tive. Seu pai e eu concordamos que é isso que devemos fazer como família — explica a mãe.

— Não acredito que isso está acontecendo — lamenta Celeste.

— Celeste, entendemos que essa é uma decisão difícil. Também não foi fácil para

nós — lembra o pai.

— Certo, mas, pelo menos, vocês puderam se pronunciar no processo de decisão — reclama ela.

— Jovem — fala o pai —, já basta.

— Papai, por favor. Você percebe o que isso representa para mim? Vou perder toda a minha vida. Vocês estão me fazendo mudar para uma nova cidade, em um novo estado onde não conheço ninguém. Não há garantia de que conseguirei fazer amizades ou praticar esportes. De todo jeito, quem disse que gostarei da cidade ou da escola? Duvido que eu goste e sei que não gostarei tanto como gosto daqui — desabafa Celeste enquanto sai da sala batendo os pés.

Uma hora depois, ela retorna à cozinha. Os pais ainda conversam sobre como a mudança está afetando cada filho de forma diferente. É claro que é mais difícil para Celeste, a mais velha, que os interrompe:

— Quando mudaremos?

— Tão logo terminem as aulas — responde gentilmente a mãe.

— Faltam apenas duas semanas! Agora, vocês estão dizendo que terei de passar todo o verão em uma cidade estranha e sem amigas? Grrr! — grita Celeste e deixa o cômodo, batendo todas as portas pelas quais passa.

No dia seguinte, na escola, Celeste conta a novidade a todas as amigas. Ela combina com Isabel, sua melhor amiga, de saírem naquela noite para conversar mais sobre o assunto. Isabel lida com a novidade tão mal quanto Celeste. Ela passa a maior parte do dia gritando com alguém ou em meditação silenciosa sobre como seria sua vida sem sua confidente mais íntima. Além disso, Isabel está preocupada com Celeste. Por mais difícil que isso seja para ela, é ainda mais difícil para Celeste, que tem de mudar-se.

— Não posso acreditar que isso esteja acontecendo — afirma Isabel enquanto vão para o quarto dela depois da escola.

— Eu sei. O que vamos fazer? — Celeste quer garantias de que continuarão a ser amigas.

— Pergunto-me se meus pais me deixariam visitá-la por umas duas semanas este verão. Depois, claro, temos as férias, telefone, *e-mail*, *MSN*, mensagem de texto e, se ficarmos realmente chateadas, temos o correio normal — Isabel tenta rir. Celeste ri e solta um suspiro de alívio ao se lembrar das opções de comunicação que têm.

Poucos minutos depois, um pensamento assalta Celeste:

— Hã hã! Não acredito que não tinha pensado nisso até agora.

— O que é? — pergunta Isabel, sem saber se deve esperar uma notícia boa ou ruim.

— As únicas pessoas que conhecerei em Austin são minha família. Como sobreviverei a um verão inteiro com eles, sem alternativas?

Isabel não sabe o que dizer. A pergunta é legítima. A família de Celeste é agradável, mas não passam muito tempo juntos. Celeste interrompe os pensamentos de Isabel.

— Você tem de me visitar este verão. Você entende? Você tem de me visitar ou vou ficar louca com essa gente! — Celeste segura os ombros de Isabel e a está sacudindo com força, quando as duas amigas começam a rir e se abraçam.

As duas últimas semanas de aula passam depressa demais. Celeste e Isabel passam praticamente todos os dias juntas. Elas tomam café da manhã juntas antes da escola e ficam juntas em todos os intervalos. Depois da escola, as duas amigas dedicam o tempo disponível a visitas a todos os seus lugares favoritos, pela última vez, e a todas as pessoas que Celeste quer ver antes de se tornar uma texana. De noite, passam o tempo empacotando as coisas de Celeste, planejando cada período de férias escolares e relembrando os seis anos de amizade. De repente, o tempo acaba. Chega o dia da mudança, é hora de Celeste se despedir de tudo que lhe é familiar, até mesmo de Isabel.

HISTÓRIAS DE FÉ:

Deus criou a família antes da igreja. Torne sua família também uma prioridade da sua vida.

É uma partida emocionante para todos da família. Celeste, conforme esperado, é quem sofre mais. Quando acabaram de colocar tudo nos dois carros da família e no enorme caminhão para iniciarem a viagem, ela estava exausta. A família passa as horas seguintes em silêncio, a não ser pelos pedidos de comida e para ir ao banheiro. No almoço, eles foram a uma lanchonete em que se pega o lanche sem sair do carro, e pararam para jantar, planejando passar a noite ali.

O jantar foi algo que pareceu estranho para todos. Faz tanto tempo que os cinco membros da família não fazem uma refeição juntos. A última refeição conjunta deles foi na Páscoa, mas, mesmo naquela ocasião, outros parentes estavam presentes. Nenhum deles fala muito até que o irmão mais novo de Celeste derrama toda sua bebida na camisa. Ele realmente tentara não errar a boca e fica confuso e chocado com o incidente. A expressão dele termina com o silêncio. A família passa o restante do jantar ouvindo o pai e a mãe lembrarem histórias embaraçosas da infância de cada filho. Eles riem tanto que escorrem lágrimas pelo rosto. Riem ainda mais quando a irmã mais moça de Celeste corre para o banheiro com medo de ter molhado a calcinha de tanto rir. Aquela noite, todos dormem bem, o que torna o dia seguinte mais fácil.

No fim da tarde seguinte, Celeste e a família chegam a Austin. Atravessar a nova vizinhança a caminho da nova casa dá uma sensação de aventura e de nostalgia. Tudo é novo e estimulante. Todos ficam agradavelmente surpresos quando o carro pára na entrada da garagem. O pai chefia a excursão de cair o queixo pela nova casa. A casa não é exagerada, de maneira nenhuma, porém é maior e mais nova que a antiga e ultrapassou a expectativa deles. O ponto alto da excursão foi Celeste descobrir o cômodo reservado para sua bateria.

Naquela noite, eles desempacotam a maioria das caixas e toda a mobília, para terem onde dormir. No dia seguinte, cada um desempacota seus pertences e, depois, passam para as caixas da família. Celeste e a mãe desempacotam as coisas de cozinha, enquanto os irmãos e o pai esvaziam as caixas dos cômodos da família.

— Ei, mamãe. Veja o que encontrei — Celeste chama a atenção da mãe e mostra uma caixa de massa de espaguete. — Lembra quando fazíamos a noite do espaguete?

— Claro que lembro. Costumávamos fazer todos os domingos à noite — confirma a mãe.

— E que dia da semana é hoje? — provoca Celeste, chacoalhando a caixa.

A mãe junta-se à brincadeira.

— Hummm... hoje é... domingo?

— E do que é hora agora?

— Hummm... Bem, essa pergunta é difícil... meu palpite é que... está na hora do jantar?

— Exatamente — sorri Celeste.

— Bem, comecemos a cozinhar. Pegue uma panela daquela caixa para mim. Vou começar a preparar o macarrão enquanto você encontra pratos e talheres suficientes para todos nós.

Uma hora depois, a família termina seu segundo jantar juntos, durante o qual o pai de Celeste lembrou outra antiga tradição da família.

— Celeste, você se lembra do que costumávamos fazer depois do jantar na noite de espaguete?

— Sim — responde Celeste com um sorriso.

O pai deixa a sala de jantar e volta logo depois com uma caixa na mão.

— Banco Imobiliário! Pai, você vai perder como antigamente. Ganho de você nesse jogo.

Meia hora mais tarde, a família está sentada no chão da sala de estar rolando dados e rolando de rir. Celeste sorri consigo mesma enquanto lembra o que a vida ocupada deles os fizera esquecer: uns dos outros.

Mais tarde, naquela noite, ela telefona para Isabel.

— Sabe de uma coisa? — conta Celeste a Isabel. — Acho que vai ficar tudo bem.

CONEXÃO DE FÉ:

Jesus, obrigada por minha família. É tão fácil considerá-la como algo certo, ignorá-la e evitá-la, mas não quero mais fazer isso. Ajude-me a voltar a encontrar tempo para passar com minha família, uma prioridade em minha vida.

CONTROLE:

Quanto tempo por semana você passa reunida com sua família? Quanto tempo você passa com cada membro de sua família? Eles passam muito tempo juntos sem você? Você não tem certeza de que terá as mesmas amigas daqui dez anos. A probabilidade é que daqui dez anos você tenha um grupo praticamente diferente de amigas próximas. É provável que dez anos depois esse outro grupo mude de novo. O relacionamento constante de sua vida é com sua família. Daqui a dez ou vinte anos, eles continuarão a ser sua mãe, seu pai e seus irmãos. Hoje, os adolescentes passam menos tempo com adultos e em casa do que antes. Isso é uma lástima. Talvez sua família seja estranha ou difícil de lidar. Contudo, ainda é sua família. Reserve tempo para eles. Seja criativa. Inclua seus irmãos mais novos em suas atividades ou responsabilidades. Peça a sua mãe ou pai para algumas vezes por semana fazerem uma refeição em família. Tire um dia da semana apenas para ficar em casa. Esses passos levam longe. Comece dando um passo esta semana.

RECICLAGEM DE LÍDERES

Meio ambiente

DOWNLOAD:

E Deus os abençoou e Deus lhes disse: Frutificai, e multiplicai-vos, e enchei a terra, e sujeitai-a; e dominai sobre os peixes do mar, e sobre as aves dos céus, e sobre todo o animal que se move sobre a terra. Gênesis 1.28

Já nas horas iniciais da convenção anual do conselho estudantil, a escola de Elisa e Jared marca seu nome. A convenção começou com a breve apresentação de um debate improvisado entre três escolas pré-selecionadas, entre as quais a deles. No fim de sua apresentação, eles eram os vencedores óbvios e unânimes, levando toda a platéia a se levantar e ovacioná-los entusiasticamente. Quando a equipe improvisada deles se sentou, trocou saudações e batidas de mão com todos os componentes do grupo.

Representantes de várias escolas pedem para almoçar com eles. Elisa e Jared decidem que não há problema se o grupo se dividir. Assim, cada um ou dois membros do grupo podiam se sentar com tantos outros grupos quanto fosse possível. Eles teriam muito tempo para comer juntos — agora, eles precisam aproveitar a fama. Isso lhes daria a oportunidade de levantar idéias para o próximo ano.

Jared e Elisa ficam juntos e almoçam com uma das poucas escolas de um Estado vizinho.

— Você é Fred, certo? — pergunta Elisa.

— Sim — responde o ruivo, aluno da oitava série.

— Conte-me um pouco sobre o conselho estudantil de vocês. O que vocês fazem durante o ano? — inquire Elisa. Jared e a jovem com quem conversa voltam sua atenção para Fred.

— Fazemos a maioria das coisas usuais. Periodicamente, nós nos reunimos com o diretor ou com o conselho escolar quando eles têm alguma questão a tratar conosco ou quando queremos propor novas idéias. Nosso conselho estudantil também supervisiona todos os eventos sociais da escola. A festa de fim de ano e a de formatura são os dois maiores eventos. Claro que temos de levantar fundos e detestamos fazer isso. Uma das coisas mais incomuns que fazemos é coordenar o programa de reciclagem da escola.

— Verdade? — exclama Jared com uma mistura de entusiasmo e de surpresa.

— Como vocês fazem isso? — prossegue Elisa.

— Bem, começamos quando a reciclagem se tornou obrigatória em nossa cidade.

— Verdade?! — crescem o entusiasmo e o choque de Jared.

— Sim, a cidade exige que cada pessoa separe seu lixo para fins de reciclagem. Se você não separa adequadamente seu lixo, a prefeitura não o recolhe. Acho que podem dizer que nossa cidade é consciente do ponto de vista ambiental — afirma Fred.

— Isso é realmente legal. E como vocês ajudam a reciclagem?

— Há alguns anos, o conselho estudantil se ofereceu para coordenar o esforço de reciclagem nas salas de aula. Pusemos algumas caixas em cada sala de aula, uma para papel, outra para plásticos, uma terceira para papelão e uma quarta para itens misturados. A escola também tem os cestos de lixo normais, porém o zelador cuida desses. Toda segunda-feira de manhã, cerca de uma hora antes da aula, reunimo-nos para recolher as caixas de cada sala de aula. Levamos todas para o local em que ficam os contêineres e as esvaziamos no recipiente adequado ao conteúdo. A prefeitura cuida do resto.

— É uma pena que nossa cidade não tenha reciclagem obrigatória — declara Jared.

A outra jovem, Tina, junta-se à conversa.

— Ela pode não exigir, mas provavelmente tem reciclagem. Se você telefonar para o Departamento de Obras Públicas, é provável que consiga acertar alguma coisa com eles.

— Sério? — dispara Elisa.

— Não tenho certeza, mas a maioria dos municípios faz reciclagem e está disposto a trabalhar com escolas e outras organizações grandes — acrescenta Fred.

— Isso não é tudo que fazemos — continua Tina. — No ano passado, pedimos ao conselho escolar para exigir que a escola compre produtos reciclados sempre que o custo for compatível, e esse pedido foi aprovado. Como parte de nossa campanha para levantamento de fundos, também iniciamos uma pequena loja de materiais escolares em que vendemos o maior número de produtos reciclados que conseguimos para os alunos. Este ano, esperamos coordenar com o governo municipal e com outras escolas a instituição de um dia de limpeza da cidade semestral em que recolheremos lixo e coisas desse tipo da cidade.

HISTÓRIAS DE FÉ:

Deus deu a Terra à humanidade. Ele confiou sua criação ao nosso cuidado. Faça sua parte no cuidado que devemos ter em relação ao meio ambiente. Isso é importante para Ele.

— Uau! Vocês são incríveis. O que os tornou tão interessados nessa coisa de meio ambiente?

— Sou de uma família proativa. Meus pais se preocupam com a Terra há anos; portanto, cresci ouvindo falar nisso. Depois, em meu ano de caloura, fiz um trabalho de pesquisa sobre meio ambiente que realmente esclareceu tudo para mim — Tina é a primeira a responder.

— Na verdade, minha igreja me ajudou a desenvolver minha paixão pelo meio ambiente — afirma Fred. — A igreja ensina que Deus confiou sua criação ao nosso cuidado. Acredito, como cristão, que o que fazemos com as coisas que Deus nos dá, como a Terra, é muito importante para Ele e deve ser importante para nós. Acho que essa crença se transformou em um amor genuíno pela natureza. Amo estar ao ar livre e quero fazer o que posso para preservar a beleza da natureza.

— Isso é fascinante! Acho que devemos falar com nosso conselho estudantil sobre fazer alguma dessas coisas. O que você acha, Jared? — pergunta Elisa.

— Definitivamente. Vocês podem nos dar o número do telefone e o *e-mail* de vocês caso precisemos perguntar mais alguma coisa? — pede Jared.

— Só se vocês derem o de vocês — fala Fred com uma piscada. — Também queremos roubar a massa cinzenta de vocês.

CONEXÃO DE FÉ:

Jesus, maravilho-me com sua criação. Quando vejo os oceanos, as montanhas, as estrelas ou o nascer do dia, não posso deixar de pensar no Senhor e de me maravilhar com sua obra-prima. Quero apreciar e usufruir ainda mais a natureza. Ajude-me também a perceber que o Senhor confiou esse lugar maravilhoso às pessoas e espera que eu faça minha parte no cuidado da natureza.

CONTROLE:

Todos os cristãos, por natureza, deveriam ser ambientalistas? Com certeza, Deus não quer que seus seguidores valorizem as árvores mais que as pessoas, mas Ele chama seu povo a levar a conservação da natureza a sério. No primeiro livro da Bíblia, Deus instrui as pessoas a cuidarem de sua criação. Na verdade, Ele diz que as pessoas são responsáveis pela Terra, o que quer dizer que as responsabiliza pelo que fazem ou deixam de fazer à sua criação. Qual é sua relação com o meio ambiente? Você é responsável com ele na forma como vive? Muitas pessoas apresentam desculpas para não fazer nada. Em geral, elas se consideram desobrigadas, pois acreditam que a pequena diferença que fariam não representa nada. Todavia, se todos fizerem sua parte, isso fará uma grande diferença. Encontre uma maneira de se envolver e traga outra pessoa com você. Cate lixo, recicle e escolha comprar produtos reciclados quando puder. Seja criativa e junte-se às organizações de sua comunidade que assumem sua responsabilidade em relação ao meio ambiente.

RECRIAÇÃO DAS ORIGENS DO SKATE

Criatividade

DOWNLOAD:

Irmãos, se algum homem chegar a ser surpreendido nalguma ofensa, vós, que sois espirituais, encaminhai o tal com espírito de mansidão, olhando por ti mesmo, para que não sejas também tentado. Gálatas 6.1

A primeira assembléia do ano da Cleveland High sempre ocorre duas sextas-feiras antes do último fim de semana de aula. Os alunos enchem o auditório para ouvir o diretor e a diretora de atividades estudantis apresentarem os planos para as festividades do fim de ano que incluem aulas sobre princípios de competição e normas de conduta. Cada turma compete com as outras em uma série de eventos ao longo da semana que culminam com um jogo de futebol na noite de sexta-feira. Tem jogo de futebol com esponja de pó-de-arroz, competição de cabo de guerra, concurso de decoração do corredor e o prêmio de alunos do ano concedido à classe que demonstrar do começo ao fim das festividades a melhor atitude e participação nas atividades.

À medida que os alunos se assentam para a assembléia, o diretor abre a sessão com um breve discurso sobre caráter, espírito esportivo e respeito. Ele deixa claro que espera que os alunos da Cleveland High sejam a personificação dessas qualidades durante as festividades de fim de ano.

— Obrigado pela atenção. Agora, por favor, dêem as boas-vindas a nossa distinta diretora de atividades estudantis, Srta. Bradford.

Os alunos irrompem em aclamações enquanto uma das pessoas prediletas deles entra no palco exibindo um largo sorriso.

— Muito obrigada — diz ela com humildade antes de, repentinamente, gritar —, VAMOS, BULDOGUES! — e gerar um alvoroço ainda maior.

A Srta. Bradford fala cerca de cinco minutos e apresenta a agenda da semana, enfatiza as competições e explica o sistema de pontuação. Ela conclui sua fala com a relação de mudanças introduzidas neste ano.

— Por fim, a maior mudança na competição deste ano se refere ao concurso de decoração do corredor.

Os alunos quase pulam das cadeiras por causa da expectativa. Nos últimos anos, eles têm pleiteado que o volume de recursos destinado a cada classe para a decoração do corredor seja aumentado. Eles estão certos de que ela anunciará um aumento na verba. Os alunos se aquietam rapidamente, sentam-se na beira do assento e sussurram uns para os outros o que imaginam que será dito.

— No passado, cada turma recebeu uma verba de R$ 200,00 para sua decoração de corredor — fala ela com calma à medida que a ansiedade aumenta no auditório. — Este ano, por causa de diversos fatores, a verba *foi reduzida para R$ 100,00 por classe!*

— O QUÊ? — gritam os alunos.

Vaias e expressões de desapontamento levantam-se na platéia. Eles terminam sua breve manifestação com um gemido coletivo e algumas expressões de comoção verbal, conforme começam a discutir entre eles a nova revelação.

A Srta. Bradford levanta a voz.

— Alunos, agora, vocês estão dispensados para ir para suas salas, determinar o tema da decoração e começar a reunir a equipe de decoração. Obrigada.

Embora não deixem de ouvir, todo o corpo de alunos dirige-se para suas salas, onde o responsável espera por eles. Os alunos do segundo ano do Ensino Médio, que sofreram uma derrota humilhante no ano passado, se arrastam desanimados até a sala destinada a eles. O Sr. Olson e a Srta. Phillips, responsáveis designados para eles, tentam, em vão, encorajá-los.

— No último ano, nossa decoração foi a pior da história da escola. Não consigo imaginar como será patética este ano com apenas R$ 100,00 para gastar — resmunga um aluno para um grupo de amigos concordantes.

Kelly Barton, presidente da classe, põe ordem na reunião e junta todo o entusiasmo que pode a fim de suprir a óbvia falta de ânimo por parte dos outros alunos.

— Certo, pessoal. Vamos começar. Acho que se trabalharmos juntos, temos uma chance real de ganhar este ano.

— Você está brincando, Kelly. Teremos sorte se tivermos a mesma pontuação do ano passado que, segundo me lembro, foi a segunda mais baixa da história da escola. A pontuação mais baixa foi de uma classe da década de 1980 que perdeu pontos por trapacear — grita Conrad Schneider da fila de trás.

— Ele tem razão, Kelly — concorda Tina Huston, uma das amigas mais íntimas de Kelly.

Um murmúrio coletivo começa a circular em volta da sala. Muitos alunos começam a cogitar a possibilidade de desistir. Kelly volta-se para Conrad e dá uma olhada. Ele tenta uma reparação.

HISTÓRIAS DE FÉ:

Nunca subestime os recursos criativos de sua mente.

— Ei, pessoal, antes de desistirmos, devíamos, ao menos, escutar a Kelly — chama ele, conseguindo a atenção de todos. — Então, Barton. Como você imagina que temos uma chance de vencer essa coisa?

— Para começar, este ano, somos maiores e mais fortes. Isso aumenta nossa chance de ganhar no jogo com esponja de pó-de-arroz e no cabo de guerra, principalmente porque, na primeira rodada, competimos com os alunos do primeiro ano — Kelly transmite confiança à classe e recebe uns poucos e hesitantes acenos de concordância. — Obviamente, nossa decoração de corredor do último ano ficou menos desejável que o macarrão com queijo da escola — continua ela, enquanto os alunos riem. — Acho que cometemos dois grandes erros. Escolhemos um tema ruim, portanto, temos de fazer melhor este ano. A coisa do "Vão, cachorros, vão", do humorista Dr. Seuss,[1] soou ótima em si mesma, mas todos sabemos que ficou horrível. Nosso segundo erro foi confiar demais na verba e de menos na nossa criatividade. Precisamos encontrar formas baratas de criar a aparência e a sensação que queremos. Por exemplo, poderíamos ter feito as casas de cachorro, ou pegado emprestadas, em vez de comprá-las.

Quando ela termina, ninguém reage por uns momentos. A seguir, Conrad começa a aplaudir. Kelly não sabia se o aplauso era de elogio ou de zombaria, até ele dizer:

— Kelly, você está certa. Podemos fazer isso!

As palavras dele provocam mais aclamações.

— Certo, mas temos de começar agora mesmo. Precisamos reunir idéias para o tema. Alguém tem alguma idéia? — pergunta ela.

Os alunos apresentam tantas idéias surpreendentes que Kelly tem dificuldade em escrevê-las no quadro. Em apenas cinco minutos, a classe produziu cinqüenta idéias. Mais cinco minutos e decidem usar uma idéia de um documentário sobre skate chamado *Dogtown and Z-Boys – Onde Tudo Começou* e de um filme chamado *Reis de Dogtown*. Eles reduzem o nome do tema para "Dogtown".

Quando se voltaram para idéias de decoração para o corredor, os portões da criatividade estavam abertos. A classe decide transformar seu corredor na "rua principal de Dogtown" — uma cidade inteira dedicada aos Cleveland Bulldogs com uma percepção definitivamente skatista. Os artistas da classe correm para o quadro e começam a esboçar projetos que podem criar facilmente com o mínimo de material. Um monte de skatistas se oferece para trazer skates, rampas, grades, sapatos, cartazes e outras parafernálias. Algumas meninas sugerem formas engenhosas de incorporar esses itens aos desenhos. Outra pessoa dá a idéia de a classe se tornar os habitantes de Dogtown e vestir roupa de skatista misturada com adornos dos Bulldogs. As idéias continuam a borbulhar.

Quando acaba o tempo, a classe percebe que talvez tenham planejado o que pode ser o corredor mais legal da história da escola. Eles descobrem que a criatividade os leva longe.

CONEXÃO DE FÉ:

Jesus, obrigada por me fazer a sua imagem. Obrigada por me dar oportunidades de usar a capacidade criativa que o Senhor me concedeu. Ajude-me a usá-la para servir aos outros.

CONTROLE:

Deus é o Criador. No auge de sua criação, Ele fez o ser humano a sua imagem. Ao fazer isso, concedeu às pessoas a capacidade de criar, de imaginar, de construir e de planejar. Você usa esses dons maravilhosos? Como você os usa? Você pode usá-los ainda mais? Sempre há necessidade de pessoas criativas. A criatividade pode ser um grande recurso. Ela permite que você encontre formas alternativas e mais eficazes de fazer as coisas. Além disso, a criatividade permite que você sirva os outros de belas maneiras. Você já pensou em criar algo para alguém com a única finalidade de fazer essa pessoa sorrir? Usar sua criatividade é uma ótima forma de revelar seu coração a alguém. Seja criativa e faça algo extraordinariamente gentil para alguém com quem se importa, para alguém que mal conhece e para alguém que pode ser considerada sua inimiga.

[1] **N. do T.:** Escritor e humorista norte-americano.

LOUCURA DE REVISTA

Comparação

DOWNLOAD:

Não sejamos cobiçosos de vanglórias, irritando-nos uns aos outros, invejando-nos uns aos outros. Gálatas 5.26

Duas moças estão sentadas no Franz Café. Uma toma café, e a outra golinhos de chá quente. As duas folheiam a última edição de sua revista preferida, enquanto outras revistas esperam no canto da mesa. Liz, a loira de olhos azuis e bem bronzeada, veste uma blusa verde água, calça capri *jeans*, sandálias de dedo e um colar. Talita, a morena de cabelos cacheados, profundos olhos castanhos e tez sardenta e fresca, usa roupa esportiva, uma camiseta justa marrom café, calça cáqui e sapatos de grife.

— Talita, olhe essa fotografia de Jéssica Simpson — fala Liz, colocando a revista em cima da mesa e virando-a para a amiga — Ela é tão bonita. Isso me deixa louca.

— Gostaria de ter as pernas dela. São perfeitas, e esses *shorts* ficam ótimos nela. Claro que eu nunca poderia usá-los — comenta Talita depois de admirar a fotografia.

— Nem eu — Liz puxa a revista de volta. — Talvez ela não seja a pessoa mais inteligente do mundo, porém, quando alguém olha para a aparência dela, não se importa com isso.

Passam-se alguns minutos, enquanto elas viram as páginas das revistas. Liz e Talita olham atentamente as revistas. Fica óbvio para qualquer observador que o mais importante para as moças são as fotografias, não o texto.

— Caramba! — exclama Talita.

— O que é?

— Gwen Stefani.

— Você gosta dela? — pergunta Liz, obviamente confusa com a animação de Talita.

— Eu a amo. Acho-a uma pessoa e tanto. Ela é muito *sexy*, mas, às vezes, parece não se importar com o que os outros pensam dela, o que a deixa ainda mais *sexy*. Gwen veste o que quer, canta o que quer, faz o que quer e é quem é. Gostaria de ser como ela nesse aspecto — explica a jovem.

HISTÓRIAS DE FÉ:

Você é única. Não há ninguém mais como você, e você não é como ninguém mais. Isso apenas a deixa mais maravilhosa, bonita e preciosa.

— Definitivamente, Gwen é uma pessoa e tanto. Como deve ser ótimo ter uma aparência tão bonita e ser tão talentosa a ponto de não precisar se preocupar com o que veste.

— Isso é verdade. Nunca usaria o estilo dela. Na verdade, não usaria a maioria das roupas dela, mas gostaria muito de sair usando o que quisesse — acrescenta Talita.

— Sabe quem mais é assim? — pergunta Liz.

— Quem?

— Você conhece a Ana Graham?

— É aquela caloura?

— Sim!

— Ela também é totalmente assim. Você está certa. Eu me pergunto se ela sabe a sorte que tem — conclui Talita.

Alguns segundos depois, Talita fala de novo, após virar uma única página da revista.

— Liz.

— Sim?

— Posso ser totalmente honesta com você? — pergunta Talita.

— Claro que sim — encoraja Liz.

— Se pudesse ser outra pessoa, gostaria de ser ela — e Talita conclui visualmente seu comentário ao virar a revista para Liz.

— Mischa Barton. Sério?

— Sim! Acho-a perfeita. Ela é exatamente o oposto de mim. Alta. Bem magra. Cabelo loiro liso. Elegante, mas jovem e divertida. Rica e bonita.

— Talita, você não é baixa nem gorda.

— Comparada com Mischa Barton, sou — afirma Talita.

— Certo, mas você também é bonita — lembra Liz. — Mas entendo o que você quer dizer. Quer saber quem é o oposto exato de mim?

— Quem?

— Halle Berry — observa Liz.

— Oh, ela é o máximo.

— Eu sei. A Halle me deixa maravilhada. Ela é perfeita e muito talentosa também.

— Soube que tem uma aluna da oitava séria que se parece com ela — comenta Talita.

— Tem sim. Já a vi. Não me lembro do nome dela, mas gostaria de ter a aparência dela agora muito mais que quando estava na oitava série! — exclama Liz.

Mais alguns minutos de observação silenciosa. As duas amigas viram as páginas com rapidez, param um pouco apenas em algumas páginas. Enquanto continua a observar as fotografias, Liz fala:

— Sabe quem acho que tem muito estilo?

— Christina Aguilera? — brinca Talita sem levantar o olhar.

— Não! — exclama Liz, rindo — Jennifer Aniston.

— Ela tem estilo. Trocaria minhas roupas pelas dela a qualquer momento, mas claro que não ficariam tão bem em mim.

— Jennifer é um pouco parecida com Mischa. As duas trabalham para ter uma aparência *sexy* e sofisticada, em vez de comum.

— Definitivamente — concorda Talita. — Falando em Jennifer Aniston, o que você acha da Jennifer Garner?

Liz levanta os olhos.

— Amo a Jennifer Garner. Ela combina de forma misteriosa sensualidade e inocência de uma maneira que ninguém mais consegue. O sorriso dela é tão adorável, e ela parece tão divertida.

— Você está certa. Ela tem aquela coisa de "garota da porta ao lado" pregada nela. Todo cara que conheço é fascinado por ela.

— As roupas dela são inacreditáveis. Essa é outra coisa que ela tem. Pode vestir o que quiser e sempre fica bem. Ela vai da camiseta e calças *jeans* a uma camisola provocante e a um palpitante traje de camuflagem, e nunca fica mal.

— E mais, ela é tão elegante. Não importa quantos exercícios abdominais eu faça, nunca terei a barriga dela — acrescenta Talita.

— Nem eu. Odeio minha barriga. Tem essa camada de gordura que não some — continua Liz. — Sem falar nos braços e ombros dela. Em geral, admiro o rosto, as pernas, o abdômen e o pescoço das outras, mas também quero os braços e os ombros da Jennifer Garner.

— Os seus não são tão ruins como os meus — menciona Talita.

— Os seus não são tão ruins, Talita — assegura Liz.

As moças continuam a folhear as revistas e a conversar sobre as pessoas expostas. Os comentários delas cobrem todos os tópicos: cabelo, maquiagem, lábios, sorriso, corpo, roupas, talento e personalidade. Depois de uma hora, elas decidem.

— Bem, acho que me sinto muito mal a meu respeito — comenta Liz enquanto folheia a última revista.

— Eu também — confirma Talita.

— Vamos embora?

CONEXÃO DE FÉ:

Jesus, perdoe-me pelas vezes em que desejei que o Senhor me tivesse feito diferente. Perdoe-me por gastar tanto do meu tempo me comparando com outras pessoas e, no processo, depreciando-me. Ajude-me a ver, a abraçar e a apreciar a singularidade de quem sou. Ajude-me a ficar contente e satisfeita de ser exatamente como o Senhor me fez.

CONTROLE:

A comparação é um passatempo perigoso e muito popular. Comparar-se com outras pessoas pode trazer descontentamento. O descontentamento consigo mesma pode levar à raiva de si mesma. Como você, todos os dias, vê muitas imagens de outras pessoas, fica difícil não se comparar com as que a sua cultura diz que são bonitas, talentosas ou especiais. Você precisa ter cuidado com as palavras que fala a respeito de si mesma. Examine como você vê a si mesma e aos outros. Aprenda a concentrar-se em seus pontos fortes e sua singularidade. Afaste-se do jogo da comparação para, em vez disso, gastar seu tempo desfrutando e usando o que Deus lhe deu. Desenvolva uma atitude de gratidão. Agradeça a Deus por

A ORDEM ESQUECIDA

Ocupações

DOWNLOAD:

Lembra-te do dia do sábado, para o santificar.
Êxodo 20.8

Dois despertadores, em lados opostos da cidade, tocam às 6 horas e acordam dois adolescentes — um rapaz e uma moça. O botão da soneca é tão atraente depois de apenas cinco horas de sono. Os dois debatem consigo mesmos o mérito de apertar o botão, mas sabem que não podem fazer isso. O tempo já está correndo. Em vez de apertar o botão da soneca, os dois levantam-se da cama, esfregando os olhos para espantar o sono. Jordan caminha para a cozinha a fim de comer. Alexandra vai para o banheiro se aprontar.

6h05min-6h55min

Jordan coloca cereal em uma tigela e senta-se sozinho ao balcão da cozinha, enquanto o sol começa a se levantar, e um raio de luz ilumina o cômodo. Ele tem pouco tempo para comer, mas usa-o todo, sabendo que hoje será um dia como todos os outros. Ao terminar o cereal, toma o restante do leite da tigela antes de afastá-la. Jordan cambaleia até o banheiro. Pula o banho de chuveiro e apenas lava o rosto e escova os dentes. Pega, no chão, o jeans usado no dia anterior, veste-o, pega uma camiseta, amarra seu tênis e coloca a mochila nas costas. Menos de dez minutos depois, ele sai de casa.

Alexandra entra no chuveiro e sabe que tem pouco tempo. Ela toma um banho rápido e acaba em dez minutos. Escolhe a roupa e se veste rapidamente e, agora, pode começar a cuidar do cabelo. O relógio mostra que não há tempo para fazer escova. Portanto, hoje é dia de cabelo cacheado. Depois de pentear o cabelo, ela escova os dentes e se maquia. Uma olhada final no espelho, e Alexandra já arruma a mochila. Ela pega dois livros na escrivaninha, um no criado-mudo e um debaixo do acolchoado. Alexandra desliza sobre suas sandálias e corre para fora a fim de esperar sua companhia.

6h55min-8h15min

Jordan se aproxima do portão, Alexandra sai imediatamente. Na semana anterior o coral começou a ensaiar antes da aula para preparar a primeira apresentação e futuras competições. No trajeto até a escola, em meio aos bocejos, eles discutem uma lição de português. Quando chegam à escola, correm para o auditório. Até mesmo às 7 horas da manhã, a Sra. Vanderbilt não tem tolerância com atrasos. O atraso de quatro minutos de Alexandra e Jordan rende-lhes um olhar de desprezo, mas escapam da repreensão. Eles cantam e comemoram até o primeiro sinal tocar.

8h15min-9h05min

Jordan deixa o auditório e se encaminha para a aula de história em que seu grupo apresenta sua parte sobre a Revolução Industrial. O professor informa à classe que, dali dois dias, haverá uma prova sobre a apresentação de todos os grupos.

Alexandra desce o corredor em direção à aula de geometria. Após se sentar em sua carteira, ela tira imediatamente sua tarefa diária e a examina uma última vez. Na noite passada, a tarefa de geometria exigira muito mais tempo do que ela tinha previsto. Ela aprende algumas novas regras e escreve a tarefa que tem de fazer para o dia seguinte.

9h05min-9h55min

Jordan e Alexandra se juntam de novo para a aula de espanhol III, em que *la professora* faz um teste oral de vocabulário. Para diversão de Alexandra, Jordan passa apuros para pronunciar os *r*'s. Na semana seguinte, terão um teste oral que será responsável por 20% da média geral deles.

9h55min-10h45min

É a vez de Jordan sobreviver à geometria e ao mundo das demonstrações. Alexandra deixa a aula de espanhol para enfrentar a de biologia. Felizmente, o professor leva a classe à biblioteca a fim de que tenham tempo de pesquisar para o relatório sobre sistema linfático a ser entregue no fim da semana seguinte.

HISTÓRIAS DE FÉ:

Deus ordena que você descanse. Não discuta. Apenas obedeça.

10h45min-11h35min

O único pensamento que alegra a vida de Jordan durante a aula de geometria é que, a seguir, tem aula de educação artística. Infelizmente, Alexandra troca a aula de biologia pela de química. Ela está sobrecarregada de matérias da área de exatas por causa de seu interesse em tentar carreira na medicina. Química é difícil, e a carga horária é de assustar.

11h35min-12h05min

Eles devoram o almoço, enquanto Jordan modifica seu exercício de português com base nas informações que Alexandra lhe forneceu enquanto caminhavam para a escola. Alexandra, entre as garfadas no almoço, reclama com um grupo de amigos, em uma mesa próxima, sobre a extensão do horário de almoço deles.

12h05min-12h55min

Jordan e Alexandra estão na mesma aula de português. Alexandra gosta de ler, mas Jordan não gosta de leitura. Eles concordam que as perguntas diárias de discussão que têm de responder e entregar são de matar. Essa aula sempre parece comprida e cansativa demais. Isso se deve às poucas horas de sono e à presença de comida no estômago.

12h55min-13h45min

Alexandra e Jordan, após a aula de português, sentem que o dia escolar se aproxima do fim. Eles esperam que os professores das duas últimas aulas passem menos exercício de casa. Aparentemente, os professores não receberam o recado. O professor de biologia de Jordan passa outro trabalho de grupo que requer reuniões fora do horário de aula. A aula de artes de Alexandra não é o alívio que esperava que fosse em sua carga horária. Sua professora distribui outra rodada de exercícios para casa.

13h45min-14h35min

A última aula de Jordan é de oratória em que a classe recebe a data de apresentação do discurso de dez minutos que têm de preparar e que tem de ser convincente. O dele será na próxima terça-feira. Alexandra termina o dia com a aula de História e a alegria de não ter nenhuma lição para o dia seguinte.

14h35min-17h40min

Jordan participa de uma trilha depois da escola. Em geral, ele gosta de correr, mas o treinador fez com que esse prazer se tornasse árduo, e dificilmente ele continuará a gostar de correr. Alexandra usa seu tempo para ensaiar a próxima peça da escola. A professora de teatro designou-a para um dos papéis principais.

17h40min-18h00min

Jordan e Alexandra se encontram e passam pela lanchonete. Jordan tem apenas alguns minutos para deixar Alexandra em casa antes de ir para o trabalho. Alexandra precisa ir para casa trocar de roupa antes de uma movimentada noite de reuniões.

18h-22h30min

Jordan trabalha como estoquista e empacotador no armazém local. Em geral, quando não tem reuniões de trilha, ele trabalha das seis da tarde até a hora de fechar o armazém. O salário cobre o custo da prestação do computador e do telefone celular, passagens de ônibus para ir à escola, lanches e passeios ocasionais.

Às 18 horas, Alexandra encontra-se com uma amiga que precisa conversar sobre um rompimento recente. Por volta das 19h30min, ela corre para o ensaio do coral da igreja. Quando termina o ensaio, às nove horas da noite, Alexandra faz algumas coisas para a mãe em troca da permissão para sair no fim de semana. Ela também pára por trinta minutos na casa do namorado. Como freqüentam escolas diferentes, eles raramente se vêem, e Alexandra não quer passar três noites consecutivas sem conversar com ele.

22h30min-1h15min

Quando Jordan e Alexandra retornam para casa estão exaustos por causa dos afazeres diários. Cada um deles conversa alguns minutos com os pais, que também estão terminando seu dia de trabalho. Às 23h45min, eles tiram os livros da mochila para outra noite de exercícios de casa. Os dois sabem que a noite de amanhã será ainda mais ocupada, por isso, precisam tentar adiantar os trabalhos de geometria e de português.

1h15

Eles acertam o despertador para as 6 horas. A Bíblia deles repousa no criado-mudo, eles a olham por um segundo antes de apagar a luz. A mente de Alexandra e de Jordan não pára por causa do trabalho que não terminaram, por causa dos amigos que não vêem e dos projetos que não começaram. Dois minutos depois, a exaustão vence, e eles caem em um sono pesado. Amanhã à noite, eles farão a mesma coisa.

CONEXÃO DE FÉ:

Jesus, vivo em um mundo que se movimenta rápido demais. É um mundo que transmite a mensagem de que quanto mais ocupada estou, mais valorizada e mais importante sou. Contudo, o Senhor diz que meu valor e importância foram determinados pelo Senhor há muito tempo. Que meu valor não depende do que faço, mas de quem sou e da importância que o Senhor me dá. Ajude-me a lembrar disso. Ajude-me a parar, a descansar, a reservar tempo em meu dia para o Senhor.

CONTROLE:

Parece que muitos cristãos esqueceram um dos Dez Mandamentos que Deus entregou a Moisés. É o mandamento para não trabalhar um dia da semana. A ordem é para descansar. Sua vida é muito ocupada? Você está cansada o tempo todo, porém, sempre tentando fazer as coisas novas? Você já pensou em se obrigar a tirar um dia de descanso por semana? Provavelmente, sua primeira reação seja se perguntar como fazer em seis dias o que não consegue fazer em sete. O que aconteceria se você dissesse não a algumas coisas? O que aconteceria se você riscasse umas duas coisas de sua agenda a fim de conseguir ajustar seus afazeres para seis dias? Você acha que tem de fazer todas essas coisas, mas não tem. Você acha que estar ocupada quer dizer que é importante e valiosa, mas está errada. Estar o tempo todo ocupada significa estar cansada, irritada e infeliz. Definitivamente, isso não a deixa feliz ou saudável. Deus teve uma razão para colocar o descanso entre as dez coisas mais importantes. Ele sabe como é importante parar, pensar, dormir, orar, descansar e deleitar-se. Saia do círculo do excesso de ocupações. Repouse e encontre Deus de outras formas, de uma maneira que nunca imaginou.

CONTAGIANTE

Liderança

DOWNLOAD:

Benignidade e verdade guardam o rei, e com benignidade sustém ele o seu trono. Provérbios 20.28

Manhã de segunda-feira, Lisa ouve a mensagem no sistema de comunicação interna: "Lisa Stevens, por favor, compareça ao escritório da diretora imediatamente. Lisa Stevens, para o escritório da diretora".

Imediatamente, as amigas apontam para ela e começam um coro de: "ohs, ahs". Enquanto ela deixa a mesa do refeitório para se dirigir ao escritório familiar demais, a agitação das amigas chama a atenção de metade do corpo de alunos. Três meses atrás, Lisa fora convocada ao escritório da diretora enquanto estava na aula de espanhol. A diretora e o orientador pediram-lhe explicações sobre seu comportamento durante o passeio de um dia da oitava série a fim de conhecer a área de atuação de algumas profissões. Aparentemente, Lisa e duas amigas atrapalharam o orientador por conversar durante o seminário sobre oportunidades profissionais.

Há duas semanas, a diretora Stewart descobriu um bilhete que Lisa escrevera para uma amiga durante a aula de inglês. Evidentemente, a amiga deixara o bilhete cair no chão do corredor bem do lado de fora da sala da diretora. Embora o bilhete contivesse apenas conselhos positivos de como lidar com a situação com o ex-namorado, a diretora Stewart não ficou nada contente com o fato de ela escrever bilhetes durante a aula. Alguns professores reclamaram que isso se tornara um pouco comum demais, portanto, a Sra. Stewart decidiu fazer de Lisa um exemplo.

Lisa passa rapidamente pelo corredor, perguntando-se o que poderia ter feito dessa vez: *Desculpei-me por ter conversado durante aquela palestra sobre as profissões. Não escrevi nenhum bilhete durante a aula. Da última vez que verifiquei, minhas notas estavam decentes, e todos meus professores estão bem comigo. Sei que não fiz nada demais. O que pode ter acontecido?*

Acima de tudo, a maioria das pessoas não consideraria Lisa uma causadora de problemas. Ela nunca desrespeitou ninguém de propósito. Como aluna, ela mantém uma média "B" e participa com êxito de duas atividades extracurriculares. Afora as ocasionais conversas durante as aulas, que perturbam, mas essas conversas são sempre iniciativa de suas amigas e elas acabam por incluí-la (a idéia é sempre delas); Lisa nem é tão falante. Em geral, ela é descrita como uma boa aluna, tranqüila e respeitosa com amigas levemente travessas, e estas ela consegue manter dentro dos limites — a maior parte do tempo. Em outras palavras, Lisa nunca foi conhecida por ultrapassar os limites, mas suas amigas, com muita freqüência, gostam de chegar perto do limite.

Apreensiva, Lisa entra no escritório da diretora e fala com calma:

— Lucy, você me chamou? — perguntou a menina à secretária da diretora.

— Oi, Lisa! A Sra. Stewart pediu-me para marcar uma entrevista com você para um dia desta semana. Ela quer saber qual seria o melhor horário para você.

— Acho que qualquer hora. Não tenho muita coisa esta semana — responde Lisa vagarosamente.

— Que tal amanhã durante seu quarto horário?

— Tudo bem para mim. Posso vê-la amanhã — concorda Lisa antes de sair a fim de se dirigir para sua próxima aula.

No restante do dia, Lisa não consegue fazer nada além de imaginar o motivo do encontro. *Por que a diretora Stewart marcou uma reunião com antecedência? Por que ela apenas não me chamou como das outras vezes?*

As amigas se divertem com sua aflição e acrescentam os comentários pessoais. As idéias delas giram em torno de Lisa assumir a culpa por algo que elas fizeram.

Por fim, chega o quarto horário de terça-feira. Lisa caminha vagarosamente pelo corredor em direção ao escritório da diretora, enquanto as amigas se dirigem para a próxima aula. Ela passa por algumas no corredor. Elas se reúnem em pequenos grupos e fingem estar chorando. Quando, por fim, chega ao escritório, a diretora está esperando com a porta aberta e vê Lisa entrar.

— Srta. Stevens, entre — chama a diretora detrás da mesa abarrotada. — Por favor, feche a porta.

Lisa pensa: *Isso não vai ser nada agradável.*

— Sente-se, Lisa. Como vai você? — pergunta a diretora.

— Bem, Sra. Stewart. Tudo parece bem — responde Lisa com respeito.

HISTÓRIAS DE FÉ:

A maior diferença entre líderes e seguidores é que os líderes assumem a responsabilidade pela influência que exercem.

Por cerca de dez minutos, as duas se envolvem em uma conversa rápida. Fica óbvio que a diretora conhece cada uma das amigas de Lisa e as atividades delas, pois ela pergunta por todas elas. No fim, ela passa ao motivo por que quis se encontrar com Lisa.

— Bem, Srta. Stevens, fico contente de saber que está tudo bem com você. Tenho certeza de que neste momento você se pergunta por que a chamei aqui. Não é muito usual eu chamar um de nossos alunos apenas para bater papo.

— Sim, não acho que seja — responde Lisa, começando a se sentir inquieta.

— Lisa, quero lhe pedir um favor.

Lisa, ao mesmo tempo chocada, aliviada e confusa, responde:

— Qual é, senhora?

— Quero que pense em concorrer para presidente do conselho estudantil.

— O quê? — Lisa manifesta seu choque. — A senhora está brincando, certo?

— Não, falo sério. Acho que você faria um ótimo trabalho.

— Diretora Stewart, sem ofensa, mas não sou do tipo líder.

— O que você quer dizer com não ser do tipo líder?

— Apenas não sou uma líder.

— Lisa, você é uma das líderes mais eficientes de toda a escola.

— Não, realmente não sou — a confusão de Lisa atinge um novo patamar à medida que tenta construir um argumento, enquanto a diretora Stewart continua.

— Sei que você nunca esteve em uma posição de liderança antes...

Lisa marca isso em sua lista de argumentos.

— ... mas liderança não tem nada a ver com posição. Liderança é influência, e poucos alunos desta escola exercem mais influência sobre os outros do que você.

— Diretora Stewart... — começa Lisa antes de ser interrompida pela diretora.

— Lisa, sei muito bem o que você vai dizer. Começará com a lista de vezes em que esteve em apuros recentemente. Depois, apresentará uma lista de alunos que você considera mais qualificados para o cargo. Em algum momento, você falará sobre suas amigas, seu horário e a falta de experiência, antes de encerrar com a observação de que acha que não influencia ninguém. O problema é que nenhum desses argumentos explica o que vejo. Por exemplo, suas amigas se meteriam em muito mais confusão se você não fizesse parte do grupo. Sei que a puni por escrever um bilhete durante a aula, mas o conselho que deu para sua amiga no bilhete foi muito bom. Parece que muitas pessoas procuram seus conselhos. Poderia continuar, mas não farei isso com você.

Lisa sente-se ainda mais atônita.

— Não peço que me responda hoje — disse a Sra. Steward. — Pense no assunto. Converse com suas amigas e com sua família. Pegue essa ficha de inscrição e, se estiver interessada, devolva-a preenchida na sexta-feira.

Lisa sai tão vagarosamente do escritório quanto entrou. Poucos minutos depois, as amigas a encontram e a enchem de perguntas. Por fim, Lisa fala.

— Ela pediu que eu concorra ao cargo de presidente do conselho estudantil — murmura ela.

— Sério?

— Isso mesmo.

— Lisa, isso é maravilhoso. Você seria a melhor presidente que já tivemos — comentam as amigas.

— Meninas, pensem um pouco, não sou a pessoa certa para o cargo.

— Claro que é, Lisa. Você é perfeita para o cargo e ganhará a eleição de lavada.

— Que seja. Mesmo que concorra, não ganharei — corrige Lisa.

— Lisa, estou dizendo. Você é uma favorita. Se não acredita em mim, faça uma tentativa. O que você perde se não ganhar?

— Está certo, farei isso.

Quatro semanas depois, os alunos da escola escolhem Lisa Stevens como a nova presidente do conselho estudantil. Ela vence por uma margem sem precedentes. Embora esteja assustada, todos parecem acreditar nela mais que ela mesma. Então ela pensa: *Talvez eu possa fazer isso.*

CONEXÃO DE FÉ:

Jesus, o mundo nunca conheceu um líder melhor que o Senhor. Ensine-me a liderar pelo estabelecimento de um exemplo de integridade e de serviço amorosos. Ajude-me a assumir a responsabilidade pela influência que o Senhor me concedeu quer esteja em uma posição de liderança quer não.

CONTROLE:

A maioria das pessoas pensa que todos os líderes têm uma determinada aparência e um modo de agir e de falar específicos. Dizem que algumas pessoas nasceram líderes, e outras não. Isso não poderia estar mais distante da verdade. Com certeza, algumas pessoas são naturalmente mais dotadas em oratória, em organização, em delegar, em encontrar soluções ou em conseguir apoio, mas isso não as torna necessariamente uma boa líder. Se você julga os líderes conforme seus dons, então Adolf Hitler foi um dos maiores líderes do mundo. Deus não julga um bom líder pelo talento, mas pelo caráter, pelo serviço, pela integridade, pela responsabilidade e pela bondade. Os melhores líderes do mundo são aqueles que aceitam com humildade a influência que Deus lhes concedeu sobre as pessoas de sua vida e servem fielmente em amor. Deus recompensa os que exercem mais influência que são fiéis no exercício dela. Onde você tem influência? Você assume a responsabilidade por isso? Você serve com integridade, de modo fiel, e com serviço amoroso? Se sim, permaneça fiel, pois Deus sorri para você. Se não, comece a fazer isso e observe como faz com que sua vida seja mais rica.

FRACASSO TOTAL

Insucesso

DOWNLOAD:

Porque sete vezes cairá o justo e se levantará; mas os ímpios tropeçarão no mal. Provérbios 24.16

Leslie Masters, aluna do primeiro ano do Ensino Médio, é a primeira aluna na história da escola a ser classificada para a feira estadual de ciências. Leslie construiu um modelo de trem que levita por meio de magnetismo, com base em um efeito semelhante ao de Meissner, produzido eletricamente. Só a idéia já impressionou todos que a ouviram. Quando o trem funcionou de fato, Leslie tornou-se uma espécie de ícone. Ela conseguiu uma posição raras vezes alcançada por alguém cuja paixão é acadêmica. Esse *status* aumentou quando ficou em terceiro lugar na competição estadual. Sua grandiosa realização colocou-a não apenas na primeira página do jornal da escola, mas também no da cidade. Além disso, a administração da escola promoveu uma assembléia especial a fim de homenageá-la por sua realização.

— Em nome da Escola de Ensino Médio River Valley, tenho a honra de presentear a Srta. Leslie Masters com esta placa comemorativa por seu terceiro lugar na feira estadual de ciências. Essa placa será exposta em caráter permanente ao lado do seu prêmio no quadro de exposição da escola. Deixaremos bastante espaço no quadro para o próximo ano. Mais uma vez, parabéns.

Após o discurso do diretor, começou a pressão. Quando a assembléia acabou, Leslie sentiu que o projeto daquele ano fora concluído, e todas suas conversas centradas em ciências passaram a tratar das idéias para o ano seguinte.

— Então, Leslie, alguma idéia para o ano que vem?

— O que você está engendrando para a feira do ano que vem?

— No ano que vem, você estará apenas no segundo ano, o que quer dizer que tem chance real de vencer a competição por dois anos seguidos. Alguém já fez isso antes?

— Ela não tem uma chance real. Isso é quase certeza. Quem ganhará dela? A Leslie é fera em feira de ciências. Ninguém deveria nem mesmo se dar ao trabalho de participar da feira pelos próximos dois anos. Eles deveriam apenas lhe entregar o prêmio.

Como sempre acontece, após alguma semanas, as conversas logo decrescem à medida que os alunos se voltam para o próximo grande acontecimento. Leslie fica contente em sair dos holofotes. Ela tenta retomar sua rotina normal, mas parece diferente. Mesmo sem os holofotes, ela ainda sente a pressão para realizar algo. Os dias para a feira do ano seguinte já começaram a correr, e as expectativas são muito altas. Ela sabe que todos presumem que tirará o primeiro lugar. Leslie sabe que não há garantias no mundo da ciência.

Os dias transformam-se em semanas. As semanas, em meses. A primavera dá lugar ao verão. O verão, ao outono, e Leslie torna-se aluna do segundo ano. Com a aproximação da feira de ciências as conversas sobre esse assunto e a pressão aumentam.

— A feira de ciências está chegando. Mal posso esperar para ver o que você fez para este ano, Leslie.

— Leslie, posso entrevistá-la durante as duas próximas semanas? Estou criando uma matéria pré-feira de ciências para o jornal da escola a fim de informar aos alunos tudo que a feira envolve.

— Leslie — diz um dos professores de ciências —, ainda estou esperando pela sua idéia. Diga-me se precisar de alguma ajuda para decidir.

— Estamos pensando em pendurar alguns cartazes sobre a feira de ciências no corredor. Você gostaria de: "Leslie Masters, a mestre do Universo"? É um tipo de brincadeira baseada em um desenho animado.

HISTÓRIAS DE FÉ:

A forma como você reage diante do fracasso é muito mais importante do que o fato de você fracassar ou não.

A cada dia que passa, a pressão aumenta, mas isso é algo familiar a Leslie. Ela tem grandes expectativas em relação a si mesma. Sua família também. A família Masters tem uma longa linhagem de superempreendedores. Embora seus irmãos não tenham alcançado tanta atenção, o irmão e a irmã mais velhos entraram em universidades de prestígio. O irmão fez Engenharia Mecânica, e a irmã estudou Química Biomédica. O pai de Leslie é cirurgião de renome, e a mãe dirige seu negócio imobiliário.

É uma família amorosa, mas todos entendem o que representa ser um Masters.

Leslie debate muitas idéias. Ela pensa em se aventurar no mundo da física com a exploração da termodinâmica. O projeto averiguaria se bulbos de lâmpada com diferentes gases incandescentes alcançam maior, ou menor, luminosidade. Ela também pensa em fazer uma tentativa com química, testando que nível de cloro afetaria os filtros de carbono usados no combate à poluição ambiental. No fim, decide ficar com a engenharia. Nem uma idéia é tão chamativa como a de construir um aerodeslizador[1] para três adultos. A idéia atende às expectativas, principalmente por que todo aluno sabe o que é um aerodeslizador e, secretamente, sempre desejou ter um na infância.

— Você construirá um aerodeslizador! Que maravilha. Posso ser um dos testadores?

— Isso é incrível! Não acredito que você possa mesmo construir um aerodeslizador.

— Que legal! Posso ficar com ele depois da feira?

A única dúvida vem de dois professores de ciências que acham a idéia ótima, mas já viram um ser apresentado antes. Falta originalidade ao projeto, que nem explora aspectos mais profundos da ciência como o do ano anterior. Ela considera o ponto de vista deles e faz algumas modificações que os deixam impressionados. Claro, os ajustes darão mais trabalho, contudo, ela tem uma reputação a zelar.

Um mês mais tarde, Leslie carrega seu projeto para o centro de convenções, instala tudo para a feira e espera pelos juízes. Enquanto os juízes fazem sua ronda pelo centro de convenções, Leslie examina os competidores. Dois outros alunos inscreveram aerodeslizadores, o que, de início, era uma preocupação sua. A seguir, ela percebe que um dos aerodeslizadores não funciona, e o outro não apenas não tem as modificações que ela introduziu, como também é para apenas um adulto. A maior surpresa é o aumento no número de participantes em relação ao ano anterior. Leslie estima que há, mais ou menos, um terço de participantes de várias escolas há mais que no ano anterior, o que torna mais difícil estar entre os cinco projetos que os juízes escolherão para prosseguir na competição.

Conforme o dia avança, os nervos de Leslie, em uma corrida vertiginosa, continuam a pressioná-la. Quanto mais tempo os juízes demoram para fazer a ronda na sala, mais Leslie percebe o que eles têm a ponderar. Em outras palavras, há projetos melhores que no ano passado. Contudo, a multidão constante em seu estande a mantém encorajada e otimista. Ela tem de começar a regular as voltas no aerodeslizador. Os visitantes dão tantas voltas que ela se questiona se o aparelho agüentará até o fim do dia.

Por fim, os juízes chegam ao seu estande. Leslie reconhece alguns deles do ano anterior e vice-versa. Ela dedica alguns minutos a uma eloqüente explicação do aerodeslizador e dos princípios científicos envolvidos no projeto antes de convidar três dos cinco juízes a dar uma volta no aerodeslizador. A expressão deles transmite que estão impressionados e gostando da explicação. A segurança dela aumenta enquanto espera por algumas horas pelo resultado.

— Atenção, todos. Atenção — a voz de um dos juízes ecoa no sistema de som. — Muito obrigado a todos vocês pela presença na competição da feira de ciências distrital deste ano. Antes de anunciar os cinco participantes classificados para o estadual, quero dizer como foi difícil nosso trabalho de juízes hoje. Faço isso há anos e nunca vi um conjunto de projetos como o que temos reunido aqui hoje.

O discurso é interrompido pelos aplausos de inúmeros pais, professores de ciências e vários outros convidados e participantes. Quando o barulho diminui, o juiz recomeça:

— Agora o momento pelo qual vocês estão esperando. Os classificados deste ano para o estadual são Whitney King, Javier Mendes, Andrea Chang, Chance Bishop e Fabian Rice. Parabéns e, mais uma vez, muito obrigado a todos os participantes.

Leslie demora a reagir. Ela conjectura: *Talvez esses sejam apenas os segundos colocados*. Todavia, um suor frio forma-se em sua testa à medida que percebe que o aerodeslizador não foi nem mesmo classificado. De repente, a frustração dos últimos meses a assalta. Leslie, com uma torrente de gritos e algumas poucas palavras bem escolhidas, que surpreendem até mesmo a ela, começa a bater em seu projeto de ciências até despedaçá-lo, sem que faça lembrar a máquina que trouxera poucas horas atrás.

CONEXÃO DE FÉ:

Jesus, detesto fracassar, em especial quando me empenho tanto. É tão difícil não levar isso para o lado pessoal. Sinto como se o fracasso me transformasse em uma fracassada, mas sei que não é a mesma coisa. Todo mundo fracassa, por isso, precisamos tão desesperadamente que o Senhor seja nosso Salvador. Ao mesmo tempo em que tenho esses sentimentos, quero fazer meu melhor para o Senhor. Por essa razão, por favor, ajude-me a levantar e a tentar de novo.

CONTROLE:

Você já falhou em tentar corresponder a suas expectativas? Você já fracassou ao tentar viver à altura da expectativa dos outros? Você se lembra como se sentiu? Você se lembra como reagiu? As pessoas reagem de formas diferentes diante do fracasso. Algumas apenas desistem e jamais tentam de novo. Outras ficam devastadas emocionalmente. É tão fácil vincular seu valor a suas realizações, ainda mais em um mundo orientado para o desempenho. É mais fácil ainda querer desistir, admitir a derrota ou renunciar e nunca mais tentar alguma coisa em que foi malsucedido. O fato de fracassar não a transforma em um fracasso. O fracasso apenas acontece quando você desiste de vez. De outro modo, é uma tentativa que não deu certo e talvez a próxima seja a que funcione. Se você sente que continua a fracassar em alguma coisa, não desista. Continue tentando e, ao mesmo tempo, busque a ajuda de Deus e dos outros. Preserve seu coração para se certificar de que, no processo, você se deleita com o que faz. Permaneça diligente, mas também alegre e humilde. Se você já desistiu, nunca é tarde para tentar de novo!

[1] **N. do E.:** Aerodeslizador é um veículo que se desloca junto ao solo, em alta velocidade e com excelente performance, flutuando sobre um colchão de ar injetado sob ele.

CONVITE ABERTO

Salvação

DOWNLOAD:

Visto como o seu divino poder nos deu tudo o que diz respeito à vida e piedade, pelo conhecimento daquele que nos chamou por sua glória e virtude. 2 Pedro 1.3

— Hilary, gostaria que conhecesse Eva. Ela será sua estudante guia pelo resto do dia. Bem-vinda à Kennedy High. Tenha um ótimo primeiro dia — diz o Sr. Dickinson, enquanto as duas alunas se cumprimentam. — Ela é toda sua, Eva.

— Obrigada, Sr. Dickinson — responde Eva, enquanto o diretor volta para seu escritório. Eva trabalha no conselho estudantil, e mostrar a escola aos novos alunos faz parte de sua função. — Bem, Hilary, bem-vinda à Kennedy. De onde você é?

— Minha mãe e eu acabamos de mudar de Portland.

— O que as trouxe para Minneapolis?

— Acho que minha mãe queria um novo começo ou algo assim.

— Legal. Você tem uma cópia do seu horário? Podemos começar a nos dirigir para sua primeira aula enquanto conversamos.

— Claro, aqui está.

Eva comenta enquanto a orienta pelo corredor:

— Literatura com Miles, não é um mau começo de dia. A Sra. Miles é legal. Ela é obcecada por Machado de Assis, mas acho que essa é uma exigência para que alguém seja professor de literatura — Hilary ri e relaxa um pouco.

— Aqui estamos. Eu a apresentarei à Sra. Miles, depois, tenho de correr para a aula de computação. Depois da aula, espere por mim aqui e a levarei para sua próxima aula.

Eva auxilia Hilary o dia todo, responde a muitas perguntas e faz questão de apresentar Hilary às amigas. No fim do dia, Hilary manifesta sua gratidão.

— Muito obrigada, Eva. Gostei da sua ajuda. Talvez a veja por aí amanhã?

— Com certeza. Se não a encontrar de manhã, procure-me na hora do almoço. Estarei na mesma área do refeitório. Poderei apresentá-la a mais algumas pessoas e responder a mais algumas perguntas.

— Maravilha. Então a verei amanhã — afirma Hilary enquanto se separam.

Nas duas semanas seguintes, Eva continua a observar Hilary. Ela lhe faz um relatório detalhado de todos os professores, informa-a sobre o cenário social da escola e fornece todos os conselhos necessários para que ela evite humilhação pública. Hilary logo se adapta à vida na Kennedy, estabelece um ritmo e começa a fazer uma ou duas amizades.

Na sexta-feira, após a aula, Eva permanece do lado de fora da escola conversando com um grupo de amigas sobre os planos para o fim de semana. Ela vê Hilary sentada no meio-fio, aparentemente, à espera da carona. Eva acaba rapidamente a sessão de planejamento e junta-se a Hilary.

— Oi, Hilary, o que aconteceu? — pergunta enquanto se senta no meio-fio.

— Oi, Eva! — responde Hilary levemente surpresa por vê-la.

— Está esperando carona?

— Sim, minha mãe telefonou. Ela tem de trabalhar até um pouco mais tarde que o usual, então tenho de ficar esperando aqui mais um pouquinho.

— Você tem como telefonar para sua mãe?

— Sim, por quê?

— Telefone para ela e diga que conseguiu carona para casa — diz Eva com um sorriso e, a seguir, levanta-se para ir embora.

— Você tem certeza? Posso esperar, não tem problema!

— Vamos. Telefone para sua mãe. Isso não é problema. De qualquer jeito, não tenho nada para fazer nas próximas horas.

No caminho para a casa de Hilary, Eva convida-a para se juntar a ela e às amigas, aquela noite, para comer uma pizza no *shopping*. Ela até se oferece para pegar Hilary e levá-la para casa depois, se for preciso. Hilary aceita a oferta. Eva e Hilary não têm muito em comum, contudo, Hilary gosta do esforço de Eva para desenvolver uma amizade entre elas. Hilary não conhece muitas pessoas como Eva.

HISTÓRIAS DE FÉ:

Por intermédio de Jesus, Deus a convida a ter uma bela vida com Ele.

Depois daquela sexta-feira, todos os dias Eva tenta encontrar Hilary para saber se precisa de companhia. Às vezes, ela precisa. Elas saem algumas vezes quando Hilary está livre, e Eva a convida sempre que tem algo planejado. Hilary imaginou que a novidade da aluna nova acabaria e, com isso, também a amabilidade de Eva. Mas isso não acontece. É até um pouco irritante e, ao mesmo tempo, confortador e intrigante.

Hilary pensa: *Qual é a dessa garota?* Ela decide prestar mais atenção em Eva a fim de decifrar o mistério. Afinal, ninguém é tão gentil sem nenhum interesse. Hilary observa Eva na escola. Ela escuta mais atentamente quando alguém menciona o nome de Eva. Em geral, todos gostam dela. Apenas poucas pessoas dizem algo negativo. Hilary deduz que alguns desses comentários são oriundos do ciúme, e outros são em razão das diferenças relacionadas às crenças que professam.

Outro dia, após a aula, Eva procura Hilary. Esta tenta evitá-la apenas para testar até onde Eva está disposta a ir.

— Oi, Hilary, estava procurando você. Como foi seu dia?

— Ah, hoje foi um dia bastante bom.

— Ótimo. Queria saber se precisa de carona para casa.

— Seria ótimo — fala Hilary, pensando que pode apenas pedir que Eva se explique. O trajeto de dez minutos é uma ocasião tão boa quanto qualquer outra para isso.

Depois de conversarem um pouco, Hilary lança sua pergunta:

— Eva, qual é a sua?

— O que você quer dizer?

— Quero dizer que você é meio estranha — esclarece Hilary. — Não entendo por que você é tão amável comigo e, assim parece, com todas as outras pessoas. Você sorri o tempo todo, mas sei, porque perguntei às outras alunas, que sua vida não foi nada fácil. Pelo que sei, você não vai a festas. Você não dorme fora nem fala palavrão, mas não julga quem faz essas coisas. Nunca conheci ninguém como você. Portanto, quero saber o que a torna tão diferente.

— Você realmente quer saber? — pergunta Eva.

— Não perguntaria se não quisesse — retruca Hilary.

— A resposta rápida é que sou cristã.

— Deixa disso. Você não é — ri Hilary, presumindo que é brincadeira de Eva.

— É sério, sou sim.

— Não pode ser — fala Hilary, atônita. — Você não é como outros cristãos que conheci.

— Sinto muito ouvir isso — continua Eva. — Há alguns anos, tornei-me seguidora de Jesus. Na verdade, não tenho uma história dramática para contar. Tenho algumas dificuldades, mas quem não as tem? Cresci na igreja, mas ignorei-a a maior parte da minha pré-adolescência. Por alguma razão, com o tempo, investiguei a espiritualidade. Pela primeira vez, pensei seriamente a respeito da vida e dos ensinamentos de Jesus. Durante muito tempo, lutei contra isso. No fim, aceitei a Jesus. Honestamente, Ele transformou minha vida. Não tive aquele tipo de experiência fenomenal que transforma tudo instantaneamente. A transformação foi mais vagarosa e mais sutil. No fim, entendi o verdadeiro sentido de amar a Deus e, como resultado disso, amar as outras pessoas. Acho que se pode dizer que dedico minha vida ao amor.

Eva soa autêntica. Hilary já ouvira pessoas falarem sobre seu relacionamento com Deus antes, mas agora era diferente. Isso soa como algo que, na verdade, ela também gostaria de ter.

— Eva, isso é realmente ótimo. Já conversei com cristãos antes, mas você é diferente. É mais que apenas acreditar — você realmente vive isso. Gostaria de poder fazer o mesmo.

— Na verdade, você pode — responde Eva, pegando Hilary de surpresa. — O caminho de Jesus é um convite aberto a todos, incluindo você. Não importa de onde a pessoa vem nem o que fez; Jesus aceita e perdoa todos que vão a Ele. Por meio de sua vida, morte e ressurreição, Ele ensinou que todos podem encontrar salvação e alcançar uma forma melhor de viver. Hilary, a qualquer momento que você quiser pode iniciar esse relacionamento.

— E se quiser começar agora, como faço?

Eva pára de imediato.

— Tudo começa com a oração que, na verdade, é uma conversa com Deus.

— O que digo? — pergunta Hilary.

— Por que não oramos juntas? Eu a ajudo. Repita cada frase que eu disser. Está certo?

— Isso é maravilhoso — exclama Hilary à medida que as duas jovens começam a orar.

CONEXÃO DE FÉ:

Jesus, acredito que o Senhor é quem diz ser. Acredito que o Senhor viveu, morreu e ressuscitou. O Senhor é o único que pode perdoar meus pecados e restaurar minha alma. Por favor, entre na minha vida, transforme meu interior e ensine-me a viver um relacionamento verdadeiro com o Senhor. Obrigada por me convidar a entrar em seu Reino e por me aceitar nele.

CONTROLE:

À medida que leu este livro, você vislumbrou o amor de Deus por você e o convite que Ele lhe faz para uma nova vida. Se tentar viver separada dEle, perceberá que isso não funciona. Deus a criou para viver um relacionamento dinâmico com Ele. Seus pecados e seus erros romperam esse relacionamento, partiram o coração de Deus e encheram sua vida de dor, sofrimento, confusão e desespero. Por saber que você não tem como reparar isso por conta própria, Deus enviou seu Filho, Jesus, ao mundo a fim de ter uma vida perfeita. Ele ensinou às pessoas como viver um relacionamento renovado com o Criador, depois, morreu e ressuscitou a fim de restaurar esse relacionamento rompido pelo pecado e pela morte. Jesus a convida a deixar sua forma de viver para que tenha uma nova vida, algo que só é possível com Ele e nEle. O caminho de Jesus é a melhor forma de viver. Não hesite. O Deus que a ama está à espera para encher sua vida de esperança, sentido, relevância e vida verdadeira.

Se você seguiu a Jesus no passado, mas se afastou dEle, o Senhor continua a convidá-la para que volte para Ele. Não importa o que aconteceu, Ele a ama e ainda é capaz de perdoá-la e de restaurá-la. Ele está à espera de que você retorne.

Quer você esteja pronta para encontrar Jesus pela primeira vez quer deseje voltar para a casa do Pai, envolva-se em uma igreja local. A jornada de fé é impossível sem a ajuda, o apoio, o encorajamento, as orações e o amor de outros cristãos.

Bem-vinda a essa jornada e a uma vida de fé desplugada.

ÍNDICE DE ASSUNTOS